SHODENSHA
SHINSHO

縦《たて》に書《か》け!

横書きが日本人を壊《こわ》す

川九楊

祥伝社新書

本書は、『縦《たて》に書け！』（二〇〇五年、小社刊）を加筆の上、新書化したものです。

はじめに

近年の政治や経済の軽さ、またおぞましい事件や犯罪を見ていると、何かたいへんな事態が起きている、時代は大きく変わっているに違いないと実感されます。

ところが、社会と生活がいったいどこへ向かい、どのような未来が待っているかはうまく描《えが》ききれていません。ここに、時代に対する閉塞感《へいそくかん》が生まれ、必要以上に危機感が煽《あお》られています。

いま、時代は、南へ流れんとする表層海流の下、深層海流は、逆に北へと流れを変え始め、中層では流れが激しく摩擦《まさつ》し始めたように思われます。表層は、一九七三年頃に始まる泡沫《バブル》経済をより一層泡沫《バブル》化せんとする方向です。

不思議なことには、この未来のない方向への推進者たちが、「改革」を掲《かか》げて、さらにすさんだ事態を招き入れんとしています。彼らの主張する「改革」は、資本が動きやすくなるための「改革」にすぎず、人間が生活し、生きやすくするための「改革」ではありません。資本がこれほど身勝手に動き回る現状下では、資本の制約と制限こそが、人間生活の「改革」につながります。

現状を克服する動きは、まだ微力ですが、まずは時代への違和感として、確実に芽生《めば》えてきています。

二〇一二年九月二十日、文化庁は驚くべきアンケート結果を発表しました。十六歳以上の約三分の二（六六・五％）が、漢字を書く力が衰えたと回答しているというのです。しかし、それ以上に、漢字を書く力が向上しているはずの十六歳から十九歳（高校生から大学一、二年生）の世代の約半数（四八・七％）が漢字を書く力が衰えたという回答には、予想をはるかに超える事態に愕然《がくぜん》としました。

漢詩や漢文、古文、さらには政治や思想や宗教にまつわる抽象語をどんどん学び成長する世代が、中学、高校時代に学んだ程度の漢字＝漢語すら、すぐには書けなくなったと言うのです。まちがいなく、いま、すさまじい、社会的幼稚化、稚戯《ちぎ》化の時代が始まっています。

この時期に、言葉と書字《しょじ》と時代の関わりについて考えてみました。文化的な意味での「人間」は「言葉」にほかならず、「日本」とは、畢竟《ひっきょう》、「日本語」を指すからです。

本書は、生活者が日常の生活の中でどのように現状克服の願いを込めればいいかについて、〈普通者〉の視点から、考えていきます。いわゆる〈選良《エリート》〉ではなく、〈普通者〉の生活日常の思索《しさく》と行動こそが、日々、世界と歴史を築いているからです。

二〇一三年一月

石川《いしかわ》九楊《きゅうよう》

目次

第三章　「縦書き」こそが精神を救う

第一章

言葉が力を失った社会

神と悪魔の間で分裂している人間の精神

私は大学でデザイン専攻の学生に書の周辺を教えている関係上、学生たちが描いた絵画やデザインをよく目にします。この学生たちの絵画やデザインを見ていて気になる事象が三つあります。一つは主題、第二は色、第三は遠近法です。

思い思いに描いた絵を寄せ集め、貼り合わせた、いわゆるコラージュ作品では、十人中三人が一方では、どぎつい紫色や黒色でグロテスクな頭蓋骨《ずがいこつ》や生首を描きつつ、同一画面上にイルカが飛び跳《は》ねる姿やケシの花園、遊園地と青い空と風船といった対照的にノーテンキなイラスト風の図柄をパステルカラーで描いていました。色彩が黒ずみ、すすけ、また遠近法と細部描写を欠くのは、全員に共通しています。

この図を見ていて、神戸の「酒鬼薔薇」つまり、少年Aの心中を覗《のぞ》いたような気がしました。平成九年「酒鬼薔薇」を名乗った十四歳の少年による連続殺傷事件でした。この事件と「ボクは殺人が愉快でならない」と書いた犯行声明は、社会に大きな衝撃を与えました。

マスコミの報道によると、少年は町内会の草取りに熱心に参加し、震災後のボランティア活動にも少なからぬ関心を持ち、結果的には自分が殺すことになった被害者少年に対してはふだん優《やさ》しく接していたといいます。学生たちの絵が象徴しているように、地獄と楽園が同居していることこそが、いまの若者や子どもたちに共通した心象《しんしよう》、心の風景なのです。

人間の心は一筋縄《ひとすじなわ》ではとらえられませんから、たとえばボランティア活動は善であり、いじめは悪であるという評価や決めつけは、事《こと》の本質を見失うだけでなく私たちを問題解決のための核心から遠ざけます。まず認識したいのは、現代の若者たちは無垢《むく》な純粋さと悪魔のような残酷さを分裂したまま併《あわ》せ持っている存在だということです。

しかし、こうした分裂した心の二面性は、ひとり現代の少年や少女のみにあるものではありません。たとえば吉増剛造《よしますごうぞう》という詩人の作品にこんな句《フレーズ》があります。

私はラジオに小便をかけたいという欲求を充されぬために自殺することも出来よう。右手で少女を愛撫し、左手でアヒルを締め殺すことも出来る。我々の中には荒涼たる戦場が確かにある。

（『乞食の思想』）

現在の少年少女だけではなく、等しく人間の意識は神と悪魔、天国と地獄の間を大きく振幅する、さだめなきものです。溺《おぼ》れる他人の子どもを助けようと我が身を顧《かえり》みずに水に飛び込む人が、またときには我が子を絞め殺すこともあるような不確かな存在です。たとえ実際の行動に移らなくとも、この子のためなら自分の命を引き換えてもいいという献身の思いを持つ親が、別のときにはちょっとした、いさかいや摩擦が昂《こう》じて、この子さえいなければという思いが胸をよぎるということは、ほとんどの親が経験していることでしょう。

とはいえ、人間のほとんどは、分裂した精神のままに行動するわけではありません。たとえ目の前に殺したいほど憎い相手がいたとしても、殺すという直接行動には結びつくことなく、当然ながら抑制する力が働きます。それが、なぜか近年、その抑制力が働かなくなり、人間の精神が制御不全に陥《おちい》っているのです。

いったい、この制御不全は、なぜ引き起こされたのか？

その理由は次の三つではないかと考えられます。

①行き過ぎた市場主義のもとでの価値の不定、浮動化。
②パソコン、ケータイ、インターネットといった現代商品の氾濫《はんらん》のもとでの社会的抑制力の低下。
③行き過ぎた市場主義と珍奇な現代商品の氾濫のなかで言葉が力を失った社会。

むろん、この三つの要素は相互に関連しあい、ときには原因となり、また結果にもなります。以下、この一つ一つを私なりに検証してみます。

価値の不定、浮動化

現在の社会は、市場経済が行き過ぎてしまい、価値という言葉は、もっぱら、いくらで売れるかという値段（交換価値）を指《さ》すばかりとなり、物や事のほんとうの値打（使用価値）がないがしろにされる社会と化しています。

たとえば、一本の鉛筆の目的は、文を書きとどめるためにありますから、デザインが美しく、気持ちよく手にすることができ、なめらかに書けるということこそがほんとうの値打、使用価値です。製作者は、この使用価値の向上によって社会や人間の役に立つことを目指し、またそこにこそ喜びがあるはずです。

ところが、価値にはもう一つ、この鉛筆がいくらで売買されるかという値段、交換価値の側面もあります。粗悪な木材で削《けず》り心地の悪い鉛筆は一本十円でしか売れませんが、木材も芯《しん》も塗装も良質な鉛筆は一本百円で売れるということがあります。一般的に、使用価値は交換価値を決定する原因となりますが、必ずしも相関するとは限りません。木も芯も粗悪で、実用には耐えない鉛筆が、漫画のキャラクターが印刷してあるという理由で、一本二百円で売られることもあります。

たとえば、ほとんど使用価値がゼロであるにもかかわらず、交換価値が厖大《ぼうだい》であるものとして紙幣があります。一万円札は一万円の交換価値を有しますが、その使用価値はといえば、文字を書くことも、物を包む用をもなさず、限りなくゼロに近いと言えます。

また、この貨幣とは対照的なものが、無名の作家や画家のすぐれた作品です。使用価値、つまりその鑑賞価値はきわめて高いにもかかわらず、無名であるため買い手がつかず、交換価値はゼロというものもあります。

人間が生活し、社会が活動していく上で、大切な価値は、使用価値です。ところが、行き過ぎた市場経済のもとでは、交換価値こそが価値であると錯覚されます。

住むはずの住居や鑑賞し楽しむはずの美術品はもとより、人間と社会のための生産、サービスの組織である企業までが投資、投機の対象となり、株や債券等、金融商品という名の、ほとんど使用価値がゼロの、俗に言う「ただの紙きれ」の商品が、大手を振ってまかり通っています。現在は不確かな数字記録のみで、紙きれさえ伴《ともな》わなくなる現象も生じています。

このような使用価値を忘れた交換価値至上の社会のもとで、いったい何が価値ある行為であり、モノであるかが解りにくくなっています。平成十八年、ライブドアのニッポン放送買収未遂事件に顔を連ねた人々の発言が、一般のサラリーマンや主婦の実感からほど遠かったのは、それらがこの使用価値（値打）をすっかり忘れた交換価値（値段）至上主義からの言葉だったからです。大人の社会がこの有様ですから、子どもたちが、何を価値とし、何を目的として生きていいか解らないのは当然です。

そこに、現在日本の不可解な犯罪の温床《おんしょう》があります。

「なぜ人を殺してはいけないのか」の回答

この行き過ぎた市場主義の撒《ま》き散らすイデオロギーは、現在のさまざまな思考の中に入り込んでいます。

従来の思考の枠組《わくぐみ》ではとらえることが不可能な少年や少女による事件が続発すると、「なぜ人を殺してはいけないのか」という論議が、いまさらのように高まり、そのことをテーマにした書物も昨今、多数目にします。

この問題に対する、多くの論者の答えは、「相手の身になって考えてみよう。自分が殺されるのがいやなら、あなたも人を殺してはいけない」というものです。

なんとも貧弱な回答と言うしかありません。現代の若者や子どもたちが、この答えで納得するとは、到底思えません。なぜなら、こういう殺人の場に追い込まれた犯人は、「生きていても意味がない、命などいらない、自分は殺されてもいい」と考えているのですから、この論理からは、「他人を殺してもよい」という結論しか導かれません。事実犯人の多くが、自ら死刑を希望したり、「何ら悪いことをしたと思っていない」と告げるところに、現在の犯罪の難しさがあります。

私の目には、「なぜ人を殺してはいけないか」という問いを前に不気味な沈黙を続ける学生たちの姿が浮かんできます。「相手の身になって考えてみよう」というような、どこかで聞いたような理屈を滔々《とうとう》と述べたてる識者よりも、学生たちのこの沈黙のほうがまだしも説得力があります。

「自分が殺されるのがいやなら、人を殺してはいけない」という論理は、現代社会が落ち込んでいる「相対」と「有償」と「交換」という市場経済の原理に裏打ちされています。つまり、自分の命の保証と相手の命の保証を相互に取り引きしようというもので、「ギブ・アンド・テイク」の等価交換の原理と、なんら変わるところがありません。

思えば、この等価交換の原理は、さまざまな場面で顔を出しています。たとえば少年犯罪についても、ここ数年、厳罰主義を取り入れようとする動きが出て、採用されており、「犯罪被害者の痛みに立って考えるべし」という論議もにわかに盛んになってきました。

これも、しょせんは「自分が殺されるのがいやなら、人を殺してはいけない」という論法の裏にある、「人を殺したら、自分も殺されてもしかたがない」という等価交換の思想にほかなりません。

この考え方は、思考停止に陥った教師や親、あるいは政治家などが納得するとしても、実際上まったく有効性を持たないのは明らかです。既述のように、神戸の少年Aのような事件を実行する少年にとって、「自分の命などどうでもいい」という、漠然ではあるかもしれないが、しかし固い決意が根底にひそんでいるからです。そうである以上、先ほどの論理を応用すれば、「だから他人の命もどうでもいい」ということにしかなりえません。

ここでなによりも問題なのは、使用価値（値打）よりも交換価値（値段）を優先する市場経済原理がすべての価値を決めるベースに横たわっているという、その奇怪な現実そのものです。ほかならぬこの論理こそ、奇怪に思える犯罪の温床なのです。

むろん、この交換の論理に立つ以外に救いようのない事態はありえます。たとえば、誤って交通事故で他人を殺傷してしまったような場合、刑罰とは別に、賠償金を支払うことによって、相手の傷や生命とを相殺《そうさい》するという制度は、加害者にとっては、大いなる救いです。

我が子の生命がお金（交換価値）に換算されえようはずはありません。すべての価値＝使用価値は交換も代替《だいたい》も不可能です。子どもを殺された親が、「金はいらない、子どもを返せ」と犯人に要求するのは当然のことです。しかし、それは不可能です。

そこで、正確には交換などということはありえないのだけれど、いちおうあることにして社会生活を進めようと考え出された、やむをえざる制度なのです。

しかし、社会生活を円滑にするための便宜的手段の一つにすぎない制度が、行き過ぎて拡大し、目的化すれば、人間と社会に大きな歪《ひず》みをもたらすことは明らかです。近年の、金欲しさから保険金をかけて殺人するという事件も、その一例です。保険のない時代には、決してこんな殺人事件はなかったのですから、むろん殺人犯は悪いけれども、この制度を作った人はもっと悪いということになります。

「あなたがいやだと思うことを他人にもしてはいけない」という論理が有効とも見えない中で、さて、それでは、「なぜ人を殺してはいけないのか」という問いにどう回答すればよいでしょうか。

答えとしては不十分のように思われるかもしれませんが、「殺してはいけないから殺してはいけない」と言う以外にありえません。

「相対」と「有償」と「交換」の枠組の内部で語るのではなく、「絶対」と「無償」と「非交換」の論理に立つしかありません。「されたくないからしない」では駄目で、たとえ、ある追いつめられた状況下で、現実にはその禁を犯すことがあるにせよ、「絶対に殺さない」という立場に立つ以外にありません。

また、被害を受けた場合には、「殺されたから殺す」「傷つけられたから傷つける」「ぶたれたらぶち返す」という交換の論理に立つのではなく、「殺したい、傷つけたい」にもかかわらず「赦《ゆる》して共に生きる」「右の頰《ほお》をぶたれたら、左の頰を出す」という、交換の外部に出た「吸収」の論理こそが必要です。

子どもを狙《ねら》い撃ちする現代商品

市場経済のもと、ウォークマンに代表されるポータブル・オーディオ、テレビゲーム、パソコン、ケータイ、スマートフォン、インターネットなど現代商品が氾濫《はんらん》しています。しかもその洪水は、まったく見境《みさかい》がなく、底抜け、つまりボーダーレスで、流れを食い止める堤防の類《たぐい》はいっさいありません。勢い、その洪水は弱い子どもに襲いかかります。否《いな》、むしろ、ターゲット＝標的として子どもが狙い撃ちされています。

化粧品や大人顔負けのファッションまでが子どもをターゲットにして市場が形成され、さらにその領域を広げつつあります。大人を相手にするのでは、すでに限界の見えた行き過ぎた市場経済は、子どもたちを時代の主役へと押し出しました。

ここで平成十六年六月、長崎県佐世保で、小六の少女がクラスメートの首をカッターナイフで掻《か》き切り殺害した例を挙げれば、事件の周辺にパソコン、インターネットのチャットやホームページがあり、事件当日、警察の調べを待って学校内に閉《と》じ込められていた子どもたちに、先生たちからなにがあったのか知らされることはなく、事件は学校に備えられていたパソコンのインターネットのニュースによって知らされたという事実は、いかにも皮肉と言うしかありません。

そしてまた、加害少女のホームページには、ゴシックロリータといって、少女趣味と悪魔趣味が入り混じった今風のファッション、いわゆるゴスロリなるファッションへの指向が見られたともいいます。

これらと呼応するように、その後、小学生向けの某学年誌にインターネットのアダルト・サイトにつながるホームページが紹介され、保護者の抗議を受けた発行所が雑誌を自主回収するという事件も起きています。

しかし、こうした現象が直接的に現在の犯罪の病巣《びょうそう》をつくり出しているとするのは、表面的な見方です。現代商品の氾濫は、じつは、もっと深いところで社会的な機能不全を引き起こしています。

「現代商品の群れ」の中で育つ子どもたち

行き過ぎた市場化と現代商品は、子どもが段階を経《へ》て育っていくという古典的な生育のシステムを無惨にも破壊してしまいました。かつて子どもたちは、家庭でまず親から言葉を教えられ、兄弟姉妹、次いで同じぐらいの世代、あるいは上級生や下級生の近所の子どもと遊んだり、喧嘩《けんか》をしたりということを通じ、さらには近所の大人たちとのやりとりを体験することで、さまざまな言葉を学び、少しずつ言葉を獲得し、生活のスタイルを身につけていきました。

その次なる段階に、家庭と社会との中間的生活空間としての学校がありました。学校では、いままでつながりのなかった少し離れた同世代の子どもたち、それから親や近所の人とは違う教師という大人たちに出会い、そこでの共同生活を通じて、家庭とは異なる、半分社会が入り込んできた半社会・半家庭の生活を新たに、経験します。

やがて学校を了《お》え、社会に出て、社会の一員として仕事をし、生活をし、また新たな家庭を築いて生きていくという、そういう家庭→学校→社会という段階を踏んだプロセスがありました。こうした過程の一環としての家庭が、おそらく一九六〇年代の半《なか》ばぐらいから機能しなくなりました。

その原因を探っていけば、現代商品の氾濫に行き着きます。

一つはテレビやゲームであり、近年で言えば、パソコンのインターネット、メール、チャット、そしてケータイです。ここで一言断《ひとことことわ》っておけば、日本語では、実質的な機能を指すときの言葉としては「携帯電話」と言いますが、それ以上の遊戯性や付加要素の加わったときに、「ケータイ」という別の呼び名になります。

現代商品の氾濫がなにを意味するかについて触《ふ》れる前に、ヒトは、必ずしも生まれたときから人間ではないということを想起することが大切です。たとえば生まれてすぐに狼の群れの中で育てられたヒトは、言葉を話すことはなく、生物学的にはヒトであったとしても、文化的には四足で山野を駆《か》け巡る狼＝獣《けもの》にすぎません。

人間は、動物の一種、ヒトとして生まれてきて、そこから少しずつ言葉を知り、社会を生きていくスタイルを身につけて、文化的な存在である人間になるわけです。その意味で、文化的存在としての「人間」というのはあくまでなるものであって、生まれたときから人間であるわけではありません。

子どもの成長過程には、いわゆる反抗期がありますが、これは、子ども自身の中にあるヒト的（獣的）な意識を発散し、抜いて、少しずつ人間としての言葉と生活スタイルを獲得していく節目《ふしめ》の別名です。「純心な子ども」などと呼びますが、子どもは、決して無垢の汚《けが》れなき存在ではなくて、むしろ人間の原点に残る獣のような粗暴粗野な意識を本源的に持っています。それを文明化あるいは文化化し、浄化、止揚《しよう》するのは、言葉にほかなりません。「文明」と「文化」に「文」という文字が出てきますが、この「文」すなわち言葉の働きによって、原初的な獣（ヒト）の状態から激しく人間へと脱出していく時期が反抗期と言われる時期なのです。

動物のような粗暴粗野な存在として生まれてきた子どもたちにとっては、できれば絶対的な存在として家庭や学校が機能してほしいものです。むろん、従来の家庭や学校のあり方を新しい世代が乗り越えて、作り変えてゆくところに、社会あるいは文化の発展はあります。とはいえ、最初から乗り越えるスタイルもなく、ただ社会に野放図に放り出されていたら、そこから学ぶものは何もなく、したがって成長も発展もないということになります。

「貧乏」という名の名教育者

近年、戦後と比べて教育の問題がいろいろと取り沙汰《ざた》され、格別に教育が悪くなったように語られます。しかし、それでは一九四〇年代から六〇年代の戦後の日本に上質の教育があったでしょうか。「あったか」と問われれば、「なかった」と答えるしかありません。

私自身の経験からも「なかった」と言い切れると思います。しかし、この時代には日本全体を覆《おお》う貧困がありました。じつはそれこそが最大の教育者でした。

貧困下では、働かなければ食えないから、食うために職に就《つ》かなければならず、職に就いたらプロとしての技を磨かなければならず、遭遇する難題も一つ一つ解決しなければなりません。職に就くためにはやはり、技能なり学問なりを身につける必要があるとなれば、学校へもきちんと行くか、技能を身につける修業もしなければならず、また社会のルールや社会的な身の処し方もわきまえなければならない――そうした否応《いやおう》なく突きつけられる、社会的な枠組がありました。

また貧しいが故《ゆえ》に家族同士が結びつき、さらには地域が相互扶助の緊密なコミュニケーションを作り出す契機にもなり、それも教育として効果的に作用しました。

しかし戦後経済が復興し、高度成長以降、ある程度食べられるような時代となると、「貧乏」という社会的枠組が消えてしまいました。社会のすみずみまで行きわたっていた「貧乏」という名の名教育者がいなくなったのです。それと同時に、一方では子どもが少なくなった分、親が子どもの教育に熱心になり、また他方では、まったくの放任となってしまいました。

こうした「貧乏」が教育的機能を果たさなくなった社会では、すべての子どもに、口のき方から、歩き方、手足の動かし方、ふるまい方、生き方に至るまで、一から十まで、すべてを手取り足取り教え込む、一種の帝王教育を施《ほどこ》さざるをえません。野球のイチロー、卓球の福原愛《ふくはらあい》、ゴルフの宮里藍《みやざとあい》などのように、つききりの親子教育が必要とされているのです。ところが、現実は、この必要に気づかず、「衣食足りて礼節を知る」ではなく、「衣食足りては礼節を欠く」と言うしかない状況に陥っています。

社会が美しい「文体」を持つことの意味

テレビ、ゲーム、パソコン、インターネット、ケータイ……。こうした現代の商品が子どもたちの周辺に一気に、しかもボーダーレスに入り込んでいる状態は、まさに親から離れ、狼ならぬ、現代商品の群れの中で育てられているという状況を意味します。このような現代商品に育てられた子どもたちは、どういうことになるでしょうか。問題の本質は、じつは、そこにあります。

現代商品の洪水に浸《ひた》りきった子どもたちが心を奪われるのは、親や教師の言葉より、テレビやゲーム、あるいはインターネットから取り出す情報です。子どもから見れば、父親や母親、あるいは教師はきわめて旧《ふる》ぼけた存在、そして発せられる言葉は、耳を傾けるに足りぬ（と思われる）旧くさい言葉になっています。つまり、これまでの、家庭↓学校↓社会というプロセスにあった教育を、現代商品が教える情報が一気にしのぎ、社会の教育機構を解体してしまったのです。

家庭は、子どもが育つ上での大事な揺籃《ようらん》、ゆりかごですが、その揺籃期に、社会に溢《あふ》れかえっている言葉が防御もなく次々と撃ち込まれてくるという、異様な状態に子どもたちは直面させられています。

「テレビで言っていた」と言えば、これを批判的に受けとめることもなく、信じ込まれます。教師は「この先生テレビに出ている」ということになれば人気を集め、信頼されます。教師の業績の如何《いかん》の判断、書物や講義の内容が評されることもなく、「テレビに出ていて有名」か「無名」かが学生たちの教師判断の軸《じく》となります。

かくて、テレビやゲームやインターネットこそが家庭や学校をしのぐ一大教育機関と化したのです。

現代商品の氾濫で壊されたのは家庭の教育的役割だけではなく、家庭や共同体で培《つちか》われてきた言葉であり、社会の文体です。社会の文体と言うと、なにやら難しく感じるかもしれませんが、社会というものは、もともと言葉で結びつき、結び合っているもので、言葉が紡《つむ》ぎ出す社会のスタイルができあがっていきます。そのスタイルをここでは「文体」と呼んでいます。

「貧乏」が最高の教育者であったと述べましたが、極貧が犯罪を生むこともありえますから、むろんそれは象徴的な言い方にすぎません。正確に言えば「貧乏」が生み出す社会的スタイル、文体こそが最高の教育者です。別段学校に上がってから日本語を学び始める人はいないように、社会に満ち溢れている文体こそが、社会のありようを決定します。

ここで再び「なぜ人を殺してはいけないのか」という問題に戻りましょう。

この問いは哲学的には、「人は、なぜ生きるのか」という命題とセットであり、いわば答えのない永遠の問いというのが最も客観的で、正確な説明と言うべきでしょう。社会的には、国家の戦争や死刑では正当化される殺人が、個人においては正当化されないという矛盾を孕《はら》みながらも、なお人間は戦争や死刑の廃止をも含めた「殺してはいけない」社会を求めつづけていくことでしょう。

つまり、こういうことです。「殺すこと」を抑止するには、「人を殺してはいけない」という文体が力を持った社会をつくっていく以外ありません。「人を殺してはいけない」という美しい文体のないところで、「人を殺してはいけない」という倫理は成立しません。「人を殺してはいけない」という言葉と文体が現実に力を持って生きている社会においてのみ、この倫理は生きることができるのです。

その言葉と文体を危機にさらしているものこそ、交換価値（値段）社会の現代商品、わけても言葉において大きな影響力を持っているパソコンです。

文化のバロメーターとしての鉛筆の持ち方

現在の子どもたちの成長がとても歪《ゆが》んでいることを示すバロメーターの一つに、鉛筆の持ち方があります。学校の授業参観に行けばもとより、行かなくても我が子や孫、周囲の子どもたちに目をとどめれば、いま、ほとんどの子どもたちが鉛筆を親指と人差し指のつけ根の所にまで入れて、握るようにして字を書いていることに気づきます。

子どもたちの、およそ八割が、普通に鉛筆を持つことができません。

こう言うと、「字は正しく書ければいいのであって、持ち方などどうでもいいではないか。そもそも正しい持ち方なんてあるのか」と反論する人がいます。「こうでなければならない」という持ち方はないとも言えますが、しかし長い歴史の中で、「鉛筆というのはこういうふうに持つのが合理的、合目的だ」という持ち方が生まれてきて、その持ち方に従って書くことによって、初めて自分の思考がなめらかに言葉になって紡ぎ出されていくという事実があります。

いまの子どもたちの持ち方は、幼児の持ち方です。それを、大人になってもそのまま引きずっているという現状があります。大学で書道を専門にする学生ですら半分近くは正しい（普通の）持ち方ができないのですから、若い人たち大方の惨状は想像いただけるでしょう。

鉛筆の持ち方に似た箸《はし》の持ち方について、戦前のデータが残っています。二歳半で箸を持ち始めますが、五歳までにうまく持てる子は皆無。一二歳でも二割強。しかし親や先生の辛抱《しんぼう》強い教育で、一七歳くらいまでには六割五分が普通に持てるようになったものの、結局、三割五分の子どもは、きちんと持つことができなかったと報告されています。筆が箸に変わって手食段階を脱したのですから、筆記具にも同様の傾向があると考えていいでしょう。

ここで身近な例を挙げると、私の周囲にも鉛筆がうまく持てないという作家がいます。子どもの頃、学校で「おまえ、鉛筆も持てねえのか」とからかわれて発奮して、「それじゃ、俺は作家になる」と言って本当になってしまったという人です。これは自分の流儀を固めてきたということで、決して、持ち方などどうでもいいと考えているわけではありません。

いま、問題なのは、そのような形で自分のスタイルを固めるのでもなく、奇妙な鉛筆の持ち方が七割近くにのぼることです。しかも社会全体が「書く」言葉と「話す」言葉とを切り離し、その上「書く」言葉に重きを置かず、「書く」ことなどどうでもいいという文化的な構造ができあがっている。これが最大の不幸です。

パソコンを使えば、字はきちんときれいに打てるのだから、いまさら鉛筆の持ち方など教える必要はない、と主張する人がいますが、それは、人間にとって不可避の「書く」という営みを機械にゆだねるという戯画《カリカチユア》にすぎません。

つまりは、子どもたちが、狼ならぬ、現代商品に育てられる以外に、教育がないままに大人になってきているという状況の一つの象徴として、おかしな鉛筆の持ち方がありま す。

遠近法が使えない美術学生の怪

もう一つ象徴的な事柄として、デザイン専攻の学生であるにもかかわらず、遠近法の表現が描けないという現象があります。美術の学科に入ってきているわけですから、もちろん受験勉強で描画の技術は学んでいます。たとえばコーラのビンのデッサンはリアルに描ける——もっとも現在の受験教育では、4Bや6Bの鉛筆一本を、力の入れ具合や角度、速度をアナログに操作して濃淡差を描くのではなく、4Hから6Bまでの鉛筆をデジタルに使い分けて表現するよう教えられているようですが——にもかかわらず、実際に描く絵画では、うまく遠近法を用《もち》いているとは思えません。

文字のごとく記号的なイラストはじつに器用に描きますが、写実的には描けない。ファンタジーは描けるが、リアルな絵は苦手《にがて》です。かつて、動物園でカバが見たいと駆け出して行った幼児が池でカバに出会ったとたん、形相《ぎようそう》を変え、やがて大声で泣き出して戻って来ました。見なれたイラストのカバと、現実の姿とがあまりに違っていたのです。

かつて、近代初頭、正岡子規《まさおかしき》は「写生」を提唱しました。人間は言葉する存在であり、言葉を生み出しつつ、言葉に即して自然や社会が見えるようになりますが、また、その言葉の枠組によって、現実を見る眼が固定され、束縛されることがあります。このような限界、とりわけ今風に言えば「イラスト化」した、俳句や短歌の月並な表現や絵画の粉本《ふんぽん》的表現から脱却して、自然や社会の直視（新しい見直し）運動を提唱したのです。

ところが、近年のマンガやアニメーションの隆盛は、この近代初頭の運動に反する「反写生運動」とでも言うべき様相を呈しています。せっかく、言葉の呪縛《じゆばく》を解き、自然や社会を新たな姿で見始めた近代初頭の運動が、約百年で終焉《しゆうえん》を遂《と》げたのです。

正岡子規らの「写生」は、いわば「イラスト化」され奇怪な姿と化した、江戸時代までの旧《ふる》い前近代的神話の一つ一つを解体する運動でした。「写生」することによって、自然や社会、あるいは事件や出来事を直視し——直視とは何度も何度もなぞってみること、つまり「か（掻・描・書）いてみる」ことを意味します——、「イラスト化」された嘘を暴《あば》くものです。

「イラスト化」つまり「月並化」「粉本化」の現在は、「旧い」――あえてそう言っておきますが――行き過ぎた資本主義、市場主義が自らの姿を把《とら》えられないために撒《ま》き散らしている煙幕です。ライブドアのニッポン放送株買占め事件で、わずか二～三カ月間で二千億円以上が動いたと言われていますが、これは株や債券の乱発によるマネーゲームの世界での出来事にすぎません。

一万円札をしげしげと眺めて、「これで物が包めますか、ここに字や絵が書けますか」と、人々が本気で問うような文体を持つに至れば、行き過ぎた資本主義は引退せざるをえません。同事件で、「会社は誰のものか」という幼稚な問いが提起されましたが、形式上は株主のものであっても、実感の上では働く者のものであっても、実際には社会のものであるに決まっています。人間の生活のために必要なものを生み出すために、多くの組織があります。たとえば、協同組合、任意団体、官公庁、学校、財団法人……。その一つに株式方式で出資者を募る株式会社があるということにすぎません。そして、その株式市場があきれるほど厖大化して、企業は「人間社会に役立つものを作るために存在する」という使用価値が忘れられ、企業がいくらで売買されるかという交換価値ばかりが問題にされ、経営者の「企業価値（交換価値）を高める」という愚昧《ぐまい》な発言を生んでいます。いま必要なのは、ライブドアによるニッポン放送買収未遂事件に登場した人物たちが演じて見せたような「イラスト化」した資本主義の神話を「写生」によって解体することです。

遠近法の欠如と併せて、距離感のなさも目につきます。たとえば道路を歩いていて人ごみを避《よ》けることがうまくできないのか、すぐにぶつかりそうになる若者がいます。さほど混んでもいない電車の中で見知らぬ人と密着していても違和感を持たない。そうした類の例も、よく見聞きします。

この距離感覚の不調は敬語の使い方にも現われています。

必要のないケースでていねいすぎるほどの敬語を使い、逆に、敬語を使うべき相手に対し言葉だけでなく、近親者と疎遠な者との距離感も希薄で、距離のとり方が下手《へた》です。初対面の人に対して、いわゆるタメ口《ぐち》をきき、学校の友達に対して先生に対するような話し方をする学生もいます。

そういえば、最近の若者には吃音《きつおん》や対人赤面恐怖症がほとんどないようです。以前は雑誌や新聞、あるいは街の電柱や壁などに、吃音や赤面恐怖症治療の広告ポスターを目にしたものですが、いまはそれも見かけません。

吃音や赤面恐怖症の過半は、他者（社会）との関係を誇大に考え、他者を大きな圧力と考えるところに生じます。吃音や赤面恐怖症の人が少なくなったとすれば、社会の広さや奥行きが解らなくなったこと、つまり人間関係、コミュニケーションにおける遠近法が失われたことを意味します。社会的な人間関係においては、すぐそばの身近にいる人間、そしてやや離れた場にいる人間、遠くにいる人間と、関係の遠近法が存在しますが、その関係自体が社会的に不調をきたしています。

これは、距離の遠近法と時間の昼夜性が欠落したテレビやインターネット等のコミュニケーションによって増幅されたものです。テレビ画面に連日映《うつ》し出される人物は、視聴者にとっては、ごく親しい存在です。しかし、タレントの側では視聴者はまったく知らない人にすぎません。また、人間同士が、精神も肉体も思想も感情も全体的に向き合うことのないメールやチャットに、適切な関係が成立するはずはないわけです。

『世界に一つだけの花』について

ＳＭＡＰというグループの『世界に一つだけの花』という歌が大ヒットして、二〇〇四年春の高校野球の入場行進曲にもなりましたが、ぁの歌詞を聴くと遠近法と距離感を失った時代の歌だとさみしく思います。

「世界でたった一つ」あるいは「ナンバーワンよりオンリーワン」というのは、当たり前の話で、いわば人間が生きていく上での出発点です。言われなくても、人間は生まれるときも死ぬときも一人なわけで、だからこそ逆に人々とつながらなくてはいけないという共同の意識が芽生えるのですが、いきなり「人間は一人である」という原点に引き戻してしまう歌に多くの人が共感するというのが、自閉症的、引きこもり的現在を象徴しています。

一時期売れたと聞く、『世界の中心で、愛をさけぶ』という本の題名も、そうです。世界の中心とは、いったいどこですか？　と問い質《ただ》したい気持ちに駆られます。自分たちが中心ということなのでしょうが、この位置に対する感覚は、パソコンやインターネットの発信や受信が日常となっている状況と無関係ではありません。

歴史学者の網野善彦《あみのよしひこ》さんは、富山県が作成した転倒日本地図を使って中国大陸と朝鮮半島が密接な交流をしていた近代以前の環日本海文化を説明したことがあります。普通私たちが目にしているいわゆる正立地図は大陸と半島が上部（天）にあり、その下（地）に日本列島があるという形のものです。転倒地図は逆に上部に日本列島があり、その下に半島と大陸が広がっているという形のものです。

正立地図を見ると、日本列島は、半島や大陸から近いとはいうものの、どちらかといえば孤立し、むしろ離れていく印象を受けます。しかし倒立して見ると印象はガラリと一変し、日本海はあたかも中海のように見え、日本列島は大陸の一部にさえ見えてきます。日常的に再生産される観念が、そこに住む人間の世界観を形成することは明らかで、私は世界の人々が自国を世界の中心にした地図を使うことをやめるだけで、もう少し世界は平和になってくるのではないかと思うほどです。

ＳＭＡＰの歌や『世界の中心で、愛をさけぶ』は、自己を世界の中心に据《す》える地図、ガリレオ以前の「天動説」の意識への逆戻りです。

紙に文字を連ねて書いていく場合には、紙に天と地が生じ、天から地に向けて働く重力を受けつつ、しかも全体の中の個を意識しながら書きますから、常に適正な自己の位置を確認することができます。そうした日常の営みがあれば、むやみに「世界の中心」だの、「オンリーワン」だのと叫ぶことはなくなります。

これらのスローガンは、世界の中での位置を見失った若者の最後の拠《よ》り所として生まれてきたのでしょうが、むしろ中心と考えるよりも、片隅で生きると考えるほうが生きやすく、またそこでの中心でありうるはずです。「あれもできる、これもできる」ではなくて、「あれもできない、これもできない」、しかし「この仕事で生きるしかない」という社会の中での位置どりが必要です。

「この仕事もうまくいかないかもしれない」けれど、「これだけは手放せない」と考えるところから、プロとして生きることも可能になります。

「肉」がないチャットやメールの脅威

チャットも、また人間相互の不可思議な関係の上に成り立っています。

お互いの名前や年齢も知らないばかりか、場合によっては性別すら定《さだ》かではないという

天

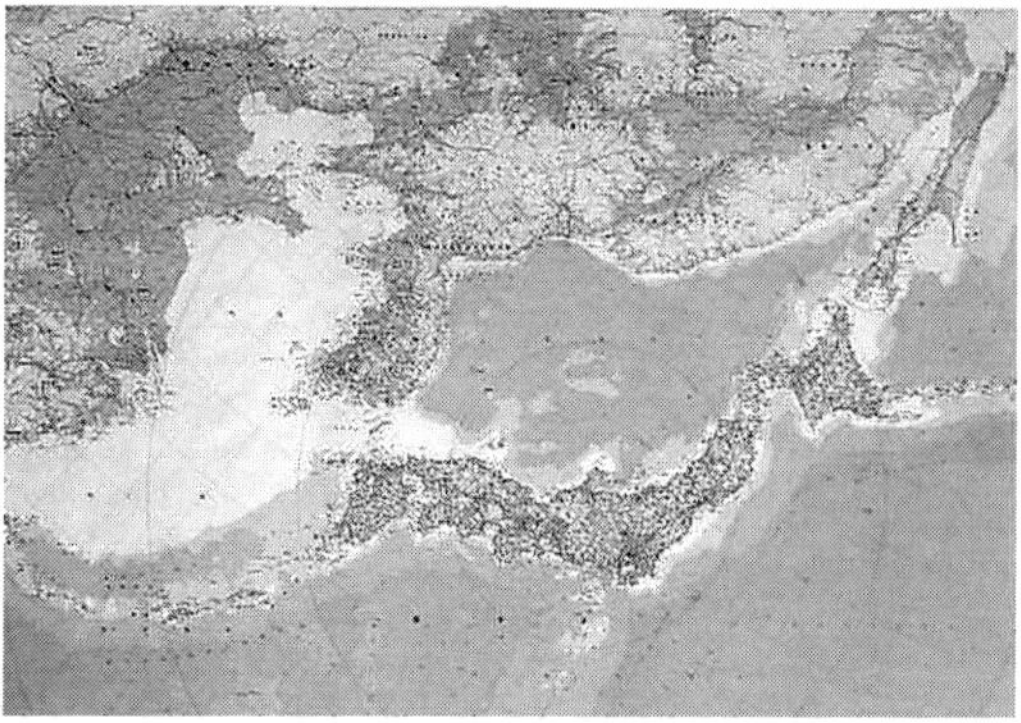

地

正立地図

天

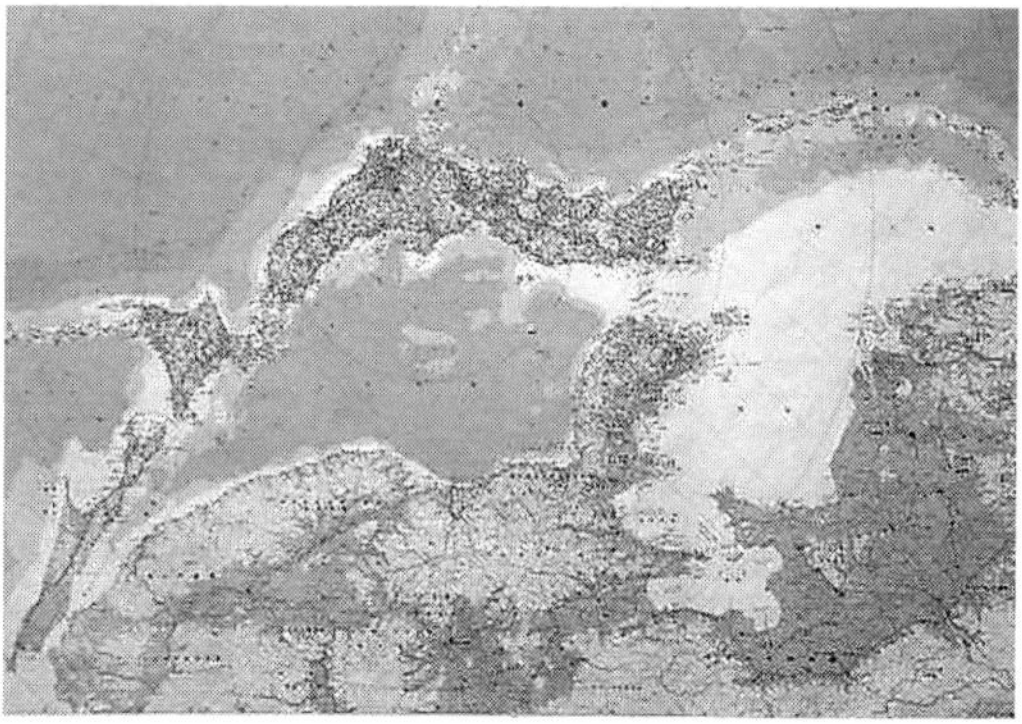

地

倒立地図

この地図は富山県が作成した地図（の一部）を転載したものである。（平6総使第76号）

場でのコミュニケーションであるにもかかわらず、錯覚的に奇妙な密着感が生じたり、逆に激しい罵倒《ばとう》の投げつけ合いに発展したりということが起こります。

このところインターネットで知り合っただけの、いわば見知らぬもの同士が、集団で自殺するというニュースが新聞やテレビをにぎわしていますが、これもインターネットを通じた遠近感と距離感のないコミュニケーションの異常さを象徴しています。

佐世保の事件の加害者と被害者二人の少女は、メールだけでなく、インターネットのチャットや掲示板を通じても連絡をとり合っていたようです。日々、学校で顔を合わせているにもかかわらず。チャットや掲示板という、話し言葉のようでも書き言葉のようでもあり、またそのどちらでもない、空想と妄想を基盤とするバーチャル（仮想的）なコミュニケーションが事件のベースにあったことは間違いありません。もしも二人が学校でじかに会うだけであったら、きっと生涯にわたるよき友であったに違いありません。平成十七年に発覚した、札幌《さっぽろ》の青年が、赤穂《あこう》市の少女に首輪をつけて東京で監禁しつづけ猟奇事件こそ、遠近感を喪失し、妄想を拡大した典型的な現代社会の事件です。

言葉や文字は、「肉声」「肉筆」と言うように原則として必ず「肉」を伴《ともな》っています。文字や言葉は個に付属するものではなく、あくまで社会的なものですが、個に付属する「肉」なしには存在できません。

しかも、言葉は必ず反対の意味をその言葉の中に孕み、矛盾を伴うことによって存在します。このため、しばしば「肉」の表現が、言葉の真の意味を明らかにすることがあります。たとえば、「好き」と言う場合でも、放り投げるように言えば、それは嫌いという逆の意味に転じます。あるいは、「オイ」と一言呼んでも、いろいろな意味合いがあります。誉《ほ》める場合も、叱《しか》る場合も、単に呼ぶだけの場合もあります。同じことが肉筆で書いた文字の中にも当然あります。

ところがチャットには、形態としては、会話であるにもかかわらず、こうした「肉」の部分がありません。読む側は、チャットの文に妄想的に「肉」をつけて声として聞くことになるわけで、そこから誤解と齟齬《そご》が生じてきます。たとえば、「このバカ野郎」と言う場合に、肉声なら、親しみを込めてからかうようなニュアンスを表わすこともできます。しかし、チャットで同じ文言《もんごん》を送った場合、読んだ側はストレートな悪罵《あくば》と受け取ってしまいます。

佐世保の事件の場合も、こうした誤解や齟齬が挟入《きようにゆう》して、それが妄想的に増幅していったことが十分に考えられます。

余談ですが、ある知り合いの学者によると、大学の教授会が終わった後には、大量のメールのやりとりが行なわれ、同じ意見の者は盛り上がり、反対意見を持つ人たちへの攻撃は凄《すさ》まじいそうです。そんなに盛り上がるなら、教授会でやればよさそうなものですが、実際の場ではそこまでできない。相手の顔を見てしゃべっていたら、ある程度の抑制と自制そして修正が働き、どんなに腹が立っても、やりとりの中で気分が和《なご》んできたりすることもあるわけです。

ところがメールやチャットとなると、相手の肉顔も肉声もなく、すべてがストレートに出てきます。大人の大学教授たちでさえ、抑制が利《き》かなくなるのですから、子どもなら、なおさらのことでしょう。

「殺すぞ」と書くことと、打つことの違い

一部の子どもたちはチャットで、相手に対する攻撃や非難などのやりとりをしています

が、それをもし手紙で書いたとしたら、どうなるでしょうか。書きながら、「ここまで書いたら、相手が傷つくかもしれない」とか「ここまで本気で言っていいのだろうか」とか、いろいろ考えるでしょう。それでも、なお書いてしまったとしても、手紙を畳んで封筒に入れて、さらに封筒に宛名《あてな》を書き、切手を貼って投函《とうかん》するまでのプロセスでブレーキがかかることもあります。「出さずにしまった手紙」という例は、いくらでもあり、誰もが経験しているのではないでしょうか。

チャットは、そのプロセスを欠《か》いていて、自分すら信じていない言葉を、しかもキーボードを軽く叩くというその場のノリの動きで完遂《かんすい》してしまいます。具体的に言えば、手紙では書けない、書きにくい「殺すぞ」という言葉が、メールやチャットではキーボードを叩いてポンと送れます。

まず「殺す」と書くには、相当なエネルギーを求められます。それなりの決意がなければ、書けるものではありません。さらに、宛名を書いて投函するまでのプロセスで自制することもあります。しかし、チャットやメールでは、「殺すぞ」とキーボードを叩くこと自体、書くときのようなエネルギーは要らず、のみならず軽い遊戯感覚で十分であり、送るときに自制の働く暇がありません。

むろん、たとえメールやチャットであっても送信のキーを叩くには、なにがしかの躊躇《ちゆうちよ》や間《ま》はあるでしょう。しかし、文字を「打ち込む」、打ち込んだものを送るキーを「叩く」という一連の動作は、ある種の「打字」のリズムと流れの中にあって、そこに思考と言うに値《あたい》する「間《ま》」をとりにくいのです。

他者との対話や会話はとても大切です。そのための訓練も必要です。しかし、対話や会話で最も重要なのは、「何を話すか」ではなく、「何を話さないか」、「何を話してはいけないか」をわきまえることです。書くことも同様で、「何を書かないか」「何を書いてはいけないか」が大切です。

現在の教育では、「相手が傷つくことは言ってはいけない」というところに落ち着きそうですが、そうではなく、「自らの品位を落とす」ことは口にすべきではなく、いったん留保すべきです。「自らの品位を落とす」発言とは、人間がお互いに力を合わせて、ともに生きていくという目的を損《そこ》なう言葉を指します。

現代商品と三音化、四音化現象

現在の社会現象の中には、日本独得のスタイルがあります。

パソコンを含めた現代商品が溢れることを受容する背景には、日本語独特の三音化、四音化現象があります。パーソナルコンピュータが「パソコン」になり、携帯電話が「ケータイ」、テレビジョンが「テレビ」という簡略な発音に転化する現象です。携帯電話も「ケータイ」と片仮名《かたかな》化してしまい、そこで電話機能にとどまらず、文字、映像通信、さらにはカメラ機能まで付加されることになるのです。

アルファベットで固定された英語や中国語などの発音は、子音と母音を分けて複雑に構成されていますが、母音と子音が一体化した音節文字・平仮名《ひらがな》で固定された日本語は、発音が単調、平板になります。平板なこの音節文字が統合した一番単純な語は二音ですが、それに次ぐのが三音、四音となります。日本語の単語は、多くがこの二、三、四音でできています。

ちなみに日本人の姓は、田中、鈴木、井上、山本と、ほとんどが三音か四音です。つまり三音、四音は日本語の発音上の流れにしっくりと馴染《なじ》み、耳にしたときに違和感を抱きません。他方、片仮名語には、新しいものというイメージがつきまといます。中国哲学史の森《もり》三樹《みき》三郎《さぶろう》氏が、中国と日本の文明を比較した上で、日本人には、「お前はまちがっている」と言うよりは、「お前の考えは古い」と言うほうがこたえる、と書いていましたが(『中国文化と日本文化』)、確かにその傾向はあります。

したがって日常生活に必要ではない商品も、三音化、四音化現象によって抵抗なく受け入れられるどころか、これをより身近な玩具に変えることになります。もし携帯電話がケータイではなく携帯電話と、あるいはパソコンが個人用電子計算機と、インターネットが社会通信網とでも呼ばれていたら、使用する人々の範囲は限定され、いまほど世の中に溢れることは、なかったはずです。三音省略化、四音省略化現象によって、日本では、複雑、難解な産業用商品を、一気に身近な生活商品に変えてしまう特異な文化形態については、自覚する必要があるでしょう。

社会の成熟を止めるもの

ワープロやパソコンは言葉や文字を貧しくしていくことはあっても、言葉を豊かにし、成熟させていくことはありません。

　こんなことを想像してください。漢字の元になった甲骨文《こうこつぶん》には、およそ四千ほどの文字がありますが、もしその頃にワープロがあったとしたら、いまはどんな社会となっていたでしょう。正答は、現在もなお神権的王が絶対的権力を有する古代社会を脱《ぬ》けてはいなかったということになります。書くことで字数を増やし、表現力を高め、それに応じて社会のあり方を変えてきたのですから、文字が最初に登録した四千字のままで止まった社会は、古代そのままで何も変わりません。

　これまで人間は書くことによって新しい文字を作り、また逆に、不要な文字を捨ててきました。書きにくい文字は使うことを避け、画《かく》数の多すぎる文字は省略するという方法も考案してきました。そのように長い時間をかけて蓄積してきた結果として、現在の文字と文化があるわけですが、「書く」ことが失われれば、社会もそこから先に進まず、停滞することになります。人間の意識や社会はひとところにとどまりません。前に拡張するか（前進）、後に拡張するか（退歩）のいずれかです。停滞とは、凄まじい退歩を意味します。

　最近、もともとはアウトローの言葉だった「ダチ」「タメグチ」などの語が一般に広まっています。それも「書く」ことの衰退に伴う批評力の極端な低下によって起きています。風俗やファッションでも刺青《いれずみ》（タトゥ）が流行《はや》ったり、若者の間でズボンを極端にずり下げて穿《は》くというスタイルが横行しています。タトゥはもちろんですが、ズボンのずり下げも、じつはアメリカの刑務所の風俗からきているようです。確かにベルトを取り上げられてしまえば、武器として使うことも、自殺の道具とすることも、また脱走もできなくなり、なるほどと納得がいきます。

このようにワープロやパソコンに際限なく依存することは、言葉をみすぼらしくし、社会を衰退させていきます。

最近行なわれた大学生の国語力調査の結果は、そのことを明らかにしています。「メディア教育開発センター」が平成十六年度に入学した全国三三の大学・短大生約一万三千人を対象にした調査では、中高生を対象にしたものと同じテストを実施したところ、中学生レベルと判定された者が著《いちじる》しく増加したと報告されています。具体的には国立大生で〇・三パーセントから六パーセントへ、私立大生で六・八パーセントから二〇パーセント、短大生で一八・七パーセントから三五パーセントへと、それぞれ五年前の調査と比べて増加しています。ちなみに外国人留学生でも大学院生は、ほぼ全員が高校レベルをクリアーしていて、「留学生より日本語ができない大学生が、相当数いる」とメディア教育開発センターでは指摘しています。

報道によれば、問題の例として「憂《うれ》える」の意味を「喜ぶ」と答えた割合が、中学生レベルと判定された学生の中では七〇パーセント近くに達し、大学生レベルと判定されたグループの中でさえ正答率は五〇パーセントだったそうで、まさに憂えるべき事態ですが、洒落《しゃれ》ている場合ではありません。

「書く」ことと「打つ」こと

ワープロで文字や文章を打つことと、手で書くこと（書字）とは、決して同じではありません。

たとえば「秋が来る」という例で考えてみましょう。

パソコンやワープロの場合には、「秋が来る」と頭の中ではイメージされているにもかかわらず、「あきがくる」か「ａｋｉｇａｋｕｒｕ」と打ち込まなければなりません。まず、ここにイメージと実際操作との間の無用な分裂が起こります。さらに「あき」は「空き」「飽き」「安芸」などの文字が出てくる場合があり、「くる」と打ち込んでも「暮る」「繰る」などが出てきて、それぞれを適正に選択しなければならない場合も生じますから、意識の上でさらなる雑音が生じます。

それだけではなく、手もキーボードの上を右へ、左へ、また上に下にと、文字どおり「右往左往」せざるをえません。これによって身体もまた、分裂的な錯乱を進行させていきます。

こんな馬鹿げた作業を繰り返すことで、十全な詩や文を作ることができるでしょうか？おそらくできないでしょう。

「パソコンは便利」などと言いますが、気づかぬうちにこのような無駄な操作で神経をすり減らしています。それが無用なストレスとして蓄積し、詩や文の出来映《ば》えに影響を及ぼすことは必至《ひっし》です。

一方で「書く」場合は、どうでしょう。

まず書き手の頭には秋の景色が浮かびつつ、「秋が……」と紙に文字を書きつけます。

「秋」と書いている過程では、たえず、「いや、これは秋ではなく、冷たい季節のほうがよいかもしれない」という思念が浮かび、迷い格闘しながらも、最終的に「秋」という言葉を選びます。すなわち「秋」という文字は、それを肯定する「肯秋」と、それを否定する「否秋」の矛盾を孕むことによって成立しています。そして「秋」というわずか一文字を書くときでも、筆記用具と紙との間に摩擦《まさつ》を生じ、それが身体への刺激とはねかえり、脳にも伝わることで「書く」という動作が進んでいきます。

こうした複雑な経路をたどって「書く」という行為が成立しています。その複雑さはワープロ使用の場合のように分裂的、否定的に働くのではなく、統合的、肯定的に作用します。つまり「書く」という行為そのものが、否定と肯定つまり思考と推敲《すいこう》を同時に行なっており、文字の書き跡には、その姿がそっくり焼き付けられています。

脳の働きから見た「打つ」ことの問題点

「書く」という行為とワープロやパソコンで「打つ」という行為の違いは、脳学者によっても知られています。たとえば森昭雄《もりあきお》さん（日本大学教授）の『ＩＴに殺される子どもたち』では、「打つ」と「書く」では脳の使い方に大きな違いがあることが指摘されています。

この本は、単に文章を書き写す作業を手で書いた場合とコンピュータで打った場合を比較する実験をした結果、

「文章を書くときには、脳の命令で手を動かして、その動きによる皮膚、筋肉や関節からの感覚情報を小脳や大脳皮質に入力します。小脳からの情報は視床核を中継し、（中略）運動細胞を興奮させ、多くの筋肉を運動神経によって時系列的に働かせ、かつ視覚情報もとり入れながら、文章が正しいか否かの判断をおこなっています。（中略）しかし単純なキーボード打ちでは、筋出力系は文字を書く場合より簡単です。その結果、一連の作業で脳にインプットされる情報も違ってきます」

と報告しています。

また、こうも指摘しています。

「コンピュータのキーボードで漢字を打ち込むことと、えんぴつで漢字を書くことが基本的にまったく異なる脳の働きであり、筋肉活動によるためです。コンピュータは必要な文

字を視覚情報により選択し、指を使ってコンピュータに打ち込みます。一方、書くことは脳の記憶中枢から漢字を引き出しアウトプットして文字を書きますが、そのときに多くの筋肉が働いて指や手首を動かし、かつ筆圧からの情報が脳の感覚野にインプットされ、またアウトプットされというふうに、たえず反復しているのです」

つまり脳の働きから接近《アプローチ》しても、「書く」ことと「打つ」ことは、まったく別次元の行動であることを証し、それは、ワープロから生まれた文と、手で書くことによって生まれた文とは異なってくることを傍証しています。

表現における「筆蝕《ひっしょく》」の意味

「書く」ことは、筆記具の先端（たとえばペンの先）と対象世界（紙）との間で繰り広げられる力のやりとり（これは言葉の創造を意味します）のドラマであり、それを「筆蝕」と呼びます。書くことは筆蝕することであり、筆蝕することで初めて言葉の表現が生まれます。

書く作業は、筆尖と紙との摩擦がどんどん積み重なり、疲れます。しかし、それは心地よい心身の疲労であり、パソコン作業による意識分裂と雑音挟入の疲労とは質を違えています。なんだ、そんな当たり前のことか、と言う人がいるかもしれませんが、身体的な限界があるということは、じつは、とても重要なことです。

人間は永遠に生きるものではありません。その生命の限界の中で、さまざまな生活行動が成り立ち、表現も文化も生まれています。対象との具体的な力のやりとりによる「書く」場合には、肉体的にも精神的にも疲れることで、「もう、これ以上はできない」という一定の限界があります。ところがワープロやパソコンで作文するときは、キーに触れるだけなので、肉体的、精神的疲労はかなり軽減されます。

その結果、表現は「打った」ものへと変わってきます。

疲労感が少ないためどんどん文は進み、また、キーに触れるタッチが次々と舞踊のごときノリを生みます。ここ数年、上中下巻や何巻かに分冊された大長編小説が続出する理由です。一方で、字の形を知らなくても、音さえ知っていれば、文字を、そして文章を書けるという誤解と錯覚のもとに、次第に「書くこと」が重要視されなくなる事態を生んでいます。

二〇〇四年、金原《かねはら》ひとみと綿矢《わたや》りさの年若い女性がそろって芥川《あくたがわ》賞を受賞しましたが、まさに筆蝕を欠いた表現で、良かれ悪しかれワープロ、パソコン小説です。

文字が書けなくても擬似的に文章を作成できるパソコン作文時代では、今後、佐世保で事件を起こした少女と同じ一一歳の芥川賞受賞者が出てくることも十分考えられます。同じ論拠から七〇歳の受賞者が続々と現われる事態にならないとも限りません。従来は小学校一年生の文章は平仮名ばかりで、すぐにそれとわかりましたが、ソフトが次々と漢字変換するパソコン使用のもとでは、それも判然としなくなります。

ワープロのマイナスが大きすぎる日本語

いまやパソコンは世界を結ぶネットワークであり、パソコンを使う多くの国の人たちがそれで文章を作っているのに、なぜ日本語だけで問題になるのか？　そんな疑問を抱く人もあると思います。

コンピュータやインターネットはもともとアメリカの軍事通信用の技術として開発され、いわばその廃物利用とでも言うべきものが現在のパソコンです。廃物利用自体に問題があるわけではありませんが、従来からあった和文タイプライターと決定的に違うのは、パソコンがアルファベット二六文字をベースにしているという点です。

アルファベットは表音文字で、いわば発音記号に近いものです。ヨーロッパやアメリカでは、「Autumn has come.」という言葉は、ただその文字のとおりに打てばよいわけで、一点一画《かく》を書くことがないことを除けば、書くときと、さほど大きな差はありません。それゆえ、欧米ではタイプライターが早くから普及したのです。欧米のパソコンはタイプライター発展の延長線上に位置づけられます。むろんその欧米においてさえ、一点一画を書き進む力の跡（筆蝕）を伴う肉筆でなければならないと唱《とな》える人もいます。それでも、パソコン化によって受ける影響は日本語に比べるとはるかに少なくてすみます。

漢字仮名交《ま》じり文の日本語となると、そうはいきません。

「秋が来る」を「あきがくる」あるいは「ａｋｉｇａｋｕｒｕ」と入力する時点で、すでに目的と手段の間で分裂が生じ、さらに複数の同音異義語の中から一つを選択しなければならないという厄介な問題が生じます。手で、「秋が来る」と書こうとするとき、頭の中にはさまざまな秋のシーンが浮かんでいます。しとしとと降る秋の雨かもしれませんし、逆に晴れわたり澄みきった秋空かもしれません。ときには「秋」から「春」が連想的に浮かんでくることもあるでしょう。「秋」という一字を書きながら、想念は次につながる文節への展開と関連を考えながら適切な秋をイメージしているはずです。

もちろんパソコンで打つ場合にもイメージは浮かびます。

しかし、平仮名もしくはアルファベットで打ち込むことで意識が分裂し、せっかく頭に描いたイメージは乱されます。さらに「秋」のはずが変換されて飛び出してきた文字が「空き」となると、イメージは空席、空缶などへと転移していき、余計な想念が思考を乱します。

こう考えると、日本語はパソコンのワープロ機能を使うことで受けるマイナスがあまりにも多すぎます。

それ以上の影響を受けているのは、中国語です。中国語は漢字だけで構成されていますから、日本語の平仮名入力のようにはいきません。まず標準語である北京語（普通話《プートン》）の、中国式のローマ字表記である拼音《ピンイン》で入力することになり、声調である四声《しせい》を入れてもなお出てくる複数の同音異義語をいちいち選択しなければなりません。

つまりは普通に書く以上の労力を要し、おまけに日本語の平仮名と違って、多言語の中国においては、文字を知り、標準語の拼音を正確に知っているのは一部の人にすぎないことを考えると、中国においては日本のような大衆レベルでのワープロやパソコンの普及はほとんど困難で、階級、階層間の格差は一層拡大します。

「はなす」と「かく」

ふだん、私たちは、ほとんど格別の反省もなく、話したり、書いたりしていますが、「話す」と「書く」はどんな関係の上に成り立っているのでしょうか。

文字を作り出す以前の人間は、話すための音声言語は持っていたが、文字言語は持っていなかったというのが一般的な言語学の定義です。しかし、本当にそうでしょうか。「話す」の元である「はなす」というのは、人間が口から発する音や身振りや手振りなど自らの身体をじかに使って、一つの表現をすることです。意識を「放す」ことであり「離す」こと、そして「話す」ことです。踊りは身体動作を用《もち》いて意識を「はなす」ことであり、音楽の中の声楽や、口の前の拡声装置である笛や喇叭《らっぱ》（トランペット等の吹奏楽器《ホーンズ》）

は、声を「はなす」ことです。話芸はもとより、舞踏など身体を使ってじかに表現するものはすべて「はなす」ことに含まれます。言うまでもなく、「はなす」表現は、人類の誕生と同時に生まれたものです。

他方、「書く」の元である「かく」は、「掻く」であり、「欠く」であり、「画く」「描く」の広がりを持っています。石や木を引っ掻けば図形や模様ができ、石や木を欠けば彫刻が生まれます。文学や書や絵画以外のこれらの表現も「かく」ことに含まれます。

このように考えれば、「はなす」ことのみならず、「かく」こともまた人類史とともにあったことが容易に想像されます。土を耕《たがや》すことや目印を刻むことなどを通じて「かいて」いたのです。それらは言葉に対応した「文字」には至っていないものの、前段階の文字、「かかれた前文字」であったことは間違いありません。

やがて「文字」が生まれ、「かく」ことが言葉に合流し、書き言葉が成立し、共に「かく」表現として渾然《こんぜん》と一体化していた中から、絵画や彫刻は「描く」「掻く」「欠く」こととして独立していき、また書き言葉の成立によって本格的な話し言葉も成立して、これまた渾然とした「はなす」表現から音楽や舞踏はそれぞれ独立していったわけです。

「文字を聞き」「文字を話す」言語

世界の文字には、漢字に代表される表意文字とアルファベットに代表される表音文字があると言われています。

漢字とアルファベットの最大の違いは、前者が書き言葉を中心とする言語世界を形成し、それとともにあるのに対して、後者は話し言葉を中心にした言語世界を形成し、それとともにあるという点です。

たとえば英語で「ａｕｔｕｍｎ」と言えば、話し言葉でも書き言葉でも「ａｕｔｕｍｎ」すなわち「秋」でしかありません。他方、日本語では「あき」と話しても、「秋」あり、「飽き」あり、「空き」ありという具合で、音を聞いただけではすぐに意味の解らぬ場合が多くあります。「あきがきた」という声だけでは、前後の脈絡がない限り、「秋」だろうか？　それとも「飽き」だろうか？　何の話だろうかと疑問が浮かびます。

同じようなことは、自己紹介で「ますだです」と名前を名乗られても、それを聞いただけではなんとも不安定な気分で、「増田」なのか、それとも「益田」「枡田」「升田」なのか、字を確かめずにいられないという人は少なくないでしょう。

こうしたことは英語の会話では起こりません。英語では「ａｕｔｕｍｎ」と言えば秋、「ｂｌａｎｋ」と言えば空き、「ｇｅｔ　ｔｉｒｅｄ」と言えば飽きたです。

この事実は、書き言葉を中心とする東アジアの言葉、とりわけ日本語が、「文字を話し」「文字を聞く」言葉であり、アルファベットによる話し言葉が中心のヨーロッパなどは「声を書き」「声を読む」言葉であることを意味しています。

漢字と平仮名と片仮名からなる二重言語・日本語の元ができあがった西暦九〇〇年以降の日本語においては、話し言葉の基盤に文字があり、私たちの生活はその言葉とともにあり続けてきました。文字をないがしろにしては成り立たないのが日本語の生活であり、文化です。

紙は天と地を持つ空間

みなさんに試してもらいたいことがあります。

一枚の紙を用意して、そこに飛行機の絵を描いてみてください。もし飛行機の頭が上を向いていれば、おそらく上昇する飛行機に見えるはずです。逆に頭を下に描けば飛行機は落下しているように見えるでしょう。

また「一枚の紙の上に『秋』という字を書いてください」と言えば、ほとんどの人が中央より上の部分に「秋」と書きます。ところが不思議なことに「紙の上に鉛筆を置いてください」と言えば、ほとんどの人が紙のほぼ中央に鉛筆を置きます。

これは、いったん字を書こうとしたときに、一枚の紙きれはもはやただの紙ではなく、現実の世界をなぞった、「天」と「地」が存在する「世界」へ転化する事実を物語っています。「秋」というたった一文字を書く場合でも、人は無意識のうちに紙の上に働く「天」から「地」へと向かう重力を感じとりつつ字を書くのです。

日本語の文字と文は、天と地を持つ現実の世界を写しとる表現として、天から地に向かって縦《たて》に書かれます。そして、この縦に書く歴史を通して、文字の姿も書きぶりも生まれ育ってきたのです。

ところで東アジアの最古の文字は、亀の甲羅《こうら》や牛の肩甲骨《けんこうこつ》に刻みつけられたもので、「甲骨文」と呼ばれています。いわゆる象形《しょうけい》文字で、この甲骨文は天に対する問いを刻みつけ、甲羅の裏側を熱することで生じる亀裂によって天の回答を知るという、まつりごと

字を書こうとするとき、紙はただの紙きれではなくなる。
「天」と「地」が存在する世界となる。

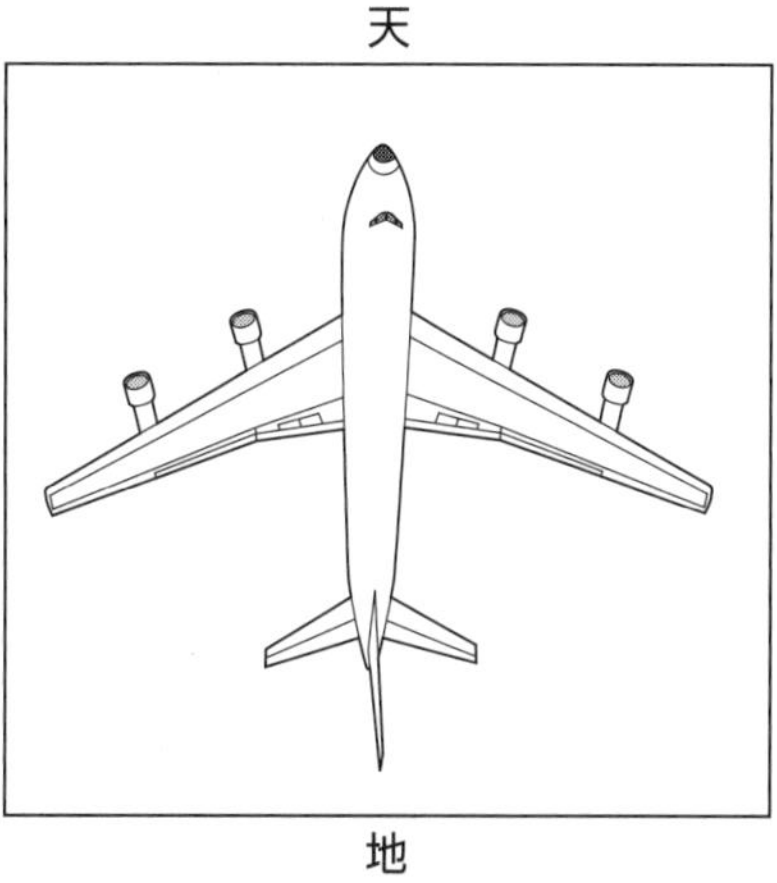

上昇する飛行機

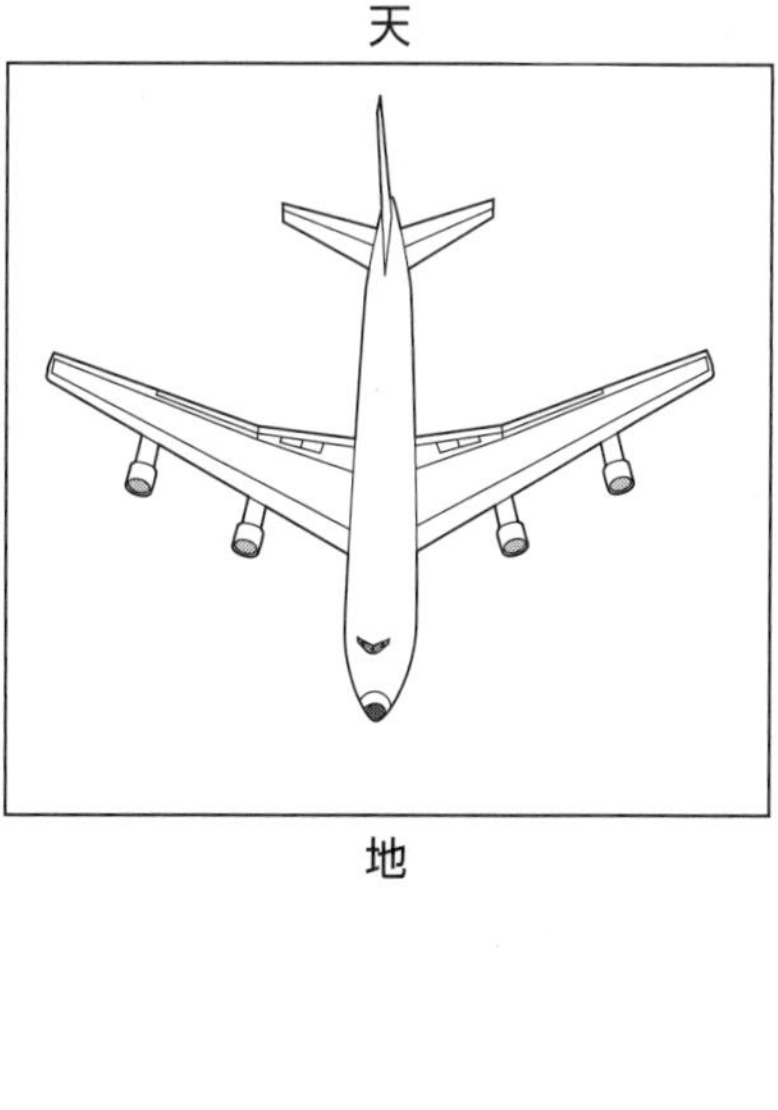

落下する飛行機

の中で生まれました。

王が占いを通じて天の神と対話する中で生まれたもので、宗教的性格の文字です。これを元に、字形が少しずつ変化し、紀元前二〇〇年代に秦《しん》の始皇帝《しこうてい》によって統一された文字、篆書体《てんしょたい》が、現在私たちが使っている漢字の基礎になっているものです。

漢字の変遷については第二章で触れますが、始皇帝時代の新しい漢字は、甲骨文や金文《きんぶん》が宿す宗教性が取り除かれ、政治に立脚した漢字へと変質を遂げました。宗教性は取り除かれましたが、「天」から「地」へ向かって縦に書くという書式は宗教に代わる宗教性として現在に受け継《つ》がれています。

縦書きはなにを意味しているでしょうか?

字や文を書くとき、紙は単なるのっぺりとした空間ではなく、天と地を持つ現実の世界を象徴する表現空間になります。

いまの日本人には、文字や文は縦に書こうが横に書こうが、どちらでもよいという考えが横行し、横書きの小説さえ登場していると耳にします。しかし縦に書くか横に書くかは、単に書式にとどまらず、天と地を意識し、書く内容に自制と抑制が働くか否《いな》かという、文の根本的な構造に関わっています。

「天地神明に誓って」という言葉があるように、縦に書くことは、天すなわち神に誓った言葉でもあることを意味します。特別な宗教がなくても、日本人は書くことで宗教的な心を養ってきました。日本人の心が荒廃してきたことと、縦書きが忘れられてきたことは、決して無関係とは考えられません。

「縦に書き、横に話す」と「横に書き、縦に話す」

日本語を横書きでよいと考える人は、英語を縦書きにすることを容認できるのでしょうか？　もちろん、ありえないことです。しかし日本語を横に書くというのは、じつは、これと同じ愚行です。縦書きの英語を笑うのなら、横書きの日本語もまた笑うべきです。

講義録やスピーチ集は、日本語と欧米語の違いを明示する典型的な例です。欧米では政治家の演説や学者の講義をそのまま起こすだけでできた本がたくさんあります。縦に、つまり神に対して話しているから、話し言葉に文体《スタイル》が成立しているからです。他方、日本人（語）の政治家の演説や学者の講義では、たいていの場合、冗句《じようく》を省《はぶ》き、論理的に飛躍したところを補わなければ、そのまま活字化するだけでは、とても、完成した書物にはなりません。神不在のまま、水平に他者に話すため、話し言葉に文体《スタイル》が成立しないためです。

このように、漢字を中心にした東アジアの言葉は「縦に書き、横に話す」という構造を持つのに対し、アルファベットによる西洋の言葉は「縦に話し、横に書く」という構造になっており、日本の文化は、この構造に規定されています。

私たちは欧米語や欧米文を「横文字」、あるいは、蟹《かに》の横歩きになぞらえて「蟹行文《かいこうぶん》」と呼びますが、その呼称は、東アジア漢字文化圏の言葉と西欧アルファベット文化圏の言葉の間の違いを、的確に把《とら》えています。

このように縦書きが必須の日本語において、横書きが横行するようになり、またワープロやパソコンが日常的に使われるようになれば、文化や日本人の精神に錯乱をもたらすのは必至《ひっし》です。

その理由については、第三章で詳しく触れます。

第二章

「日本」とは「日本語」のことである

日本語は世界でも特異な言語である

現在、世界には約三千の言語（言葉）があると言われ、その中には文字を持たない無文字の言語もありますが、大半の言語は文字を持ち、文字のある社会では人々は「言《はなしことば》」と「文《かきことば》」を使いながら生活しています。

私たちが使っている日本語は三つの文字から成り立っています。もともとは中国から伝来し、いまも日本語の中核を占《し》めている漢字。その漢字をくずすことによってつくられた平仮名《ひらがな》、そして漢文を日本語として読むときの補助的な手段として考案された片仮名《かたかな》の三つです。

一つの言語でありながら、このように三種類の文字を持っているという点が日本語が世界のどこの言語とも異《こと》なる点で、このような言語は他にはありません。朝鮮語も漢字とハングルという二つの文字を持っていますが、それを除けば、世界の言語はいずれも一種類の文字から成っています。三種類の文字を使うという意味で、日本語は世界でもきわめて特異な言語であると言うことができます。

その特異性を、少し具体的に見てみましょう。

英語では「花」は flower で、それ以外にはありません。ところが、日本語には音語《おんご》（漢語系の語彙《ごい》）の「カ」と訓語《くんご》（和語系の語彙）の「はな」があり、「花鳥風月《カチョウフウゲツ》」「花柳《カリユウ》」「万花《バンカ》」、「くさばな（草花）」「かざはな（風花）」「おばな（尾花）」というように、花に関する語彙が二方向に広がっています。

日本でよく知られている孟浩然《もうこうねん》の「春暁」という漢詩の「春眠不覚暁」という一句もまた同様です。日本語では、まず「春眠不覚暁《シュンミンフカクギョウ》」と音読することができ、さらに「春眠《シュンミン》暁《あかつき》を覚《おぼ》えず」と読み下すことができます。もっと嚙《か》み砕《くだ》いて「春は寝心地のよいもの、うっかり寝すごして、夜があけたともおぼえなかったが、どうやら朝らしい」（高木正一訳）と訳すこともできます。

日本語には漢字・平仮名・片仮名という三つの文字に対応して、三つの文体があるため、このような多音、多語的な表現が可能なのです。一つの言語でありながら三つの文体を持つ言語は世界でも稀《まれ》、というより唯一で、日本語のきわめて特異な性格です。漢字・平仮名・片仮名という三つの文字を使い、それらを混じり合わせることによって文をつくるところから、他の言語にはない日本語表現の複雑さ、多様さ、繊細さが生まれており、それこそが良い意味でも、悪い意味でも日本語の最大の特質です。

漢語（漢字）と和語（仮名）の二重言語国家

漢字を媒介として成立している日本語には「音語（漢語）」と「訓語（和語）」があることはすでに述べました。その「音語」には呉《ご》語・漢《かん》語・唐《とう》語の三種類があります。たとえば「頭蓋骨」という字を「ズガイコツ」と発音するのは古代中国・江南《こうなん》地方の発音である呉音によるものです。それが唐代・長安《ちょうあん》地方の発音である漢音では「頭角」＝「トウカク」となり、宋《そう》～清《しん》時代の江南地方の新しい発音である唐音では「搭頭」のように「タッチュウ」という発音になります。

そして、「訓語」ではもちろん「頭《あたま》」や「頭《かしら》」と読みます。私たちは日常的にはこうした違いをほとんど意識することなく、文脈に応じて使い分けています。その使い分けによって、日本語の複雑かつ多様で、繊細な表現が可能になっています。

もう一つ「花」という字を見てみましょう。

これは中国語では「カ」だけですが、日本語では「カ」とも、また「はな」とも読みます。そして日本語の中には「カ」という漢語系の語彙と、「はな」という和語系の二系統の語彙が連繫《れんけい》しながら存在しています。つまり、漢語系には「開花《カイカ》」「残花《ザンカ》」といった語彙があり、一方、和語系には「かざはな」「くさばな」「はないかだ」などの語彙があって、そのときの文脈に応じてどちらでも使えるようになっています。これは「生花」ショウカ、セイカも「いけばな」も単に flower arrangement でしかない英語とは、大きな違いです。

そこで、その「生花《ショウカ》」と「いけばな」を比較してみると、漢語の「生花《ショウカ》」はどこか冷たく、遠く、固い感じがします。それに対し、和語の「いけばな」のほうは、人々の暮らしのすぐ近くにあるような、ある種の温《あたた》かみを持つ意味合いを宿しています。同じ「花」でも、漢音で「花《カ》」と読んだときに広がる宇宙と、和語で「はな」と読んだときに広がっていく宇宙とでは、ニュアンスに少し違いが生じます。

その二重の意味合いを統合した形で「生」や「花」という語が存在しているのが、私たちが使っている日本語という言語です。このような言葉の姿は他の言語では見られません。

世界でも稀な日本語のこうした独自性は、当然のことながら日本人の国民性や日本文化の重層性に深く関係しています。

日本人と日本文化の二重性の根拠は、日本語が漢語（漢字）と和語（仮名）からなるという二重言語構造にあります。日本は漢語と和語を持つ二重言語国家であり、その二重性のもとにさまざまな文化的蓄積を行なってきたのが日本人であり、日本の文化です。

日本語は中国語の植民地語

私たちが日常的に使っている「文学・芸術・経済・行政・政府・主権・議会」などの言葉は幕末から明治の初期に西欧語を漢語訳してつくられたものです。「思想・文明・主観・客観・科学」などもそうで、明治期から昭和戦前まで、流入する西欧語の多くが漢語訳されました。

二字熟語（連語）を得意とする漢字には強い造語力があり、日本語はその力を利用することによって西欧語の原義をうまく受けとめたのです。

他方、すぐには漢語訳できない固有名詞には片仮名を用《もち》い、また漢語訳ができるまでの仮の形として用いてきました。つまり、日本語は西欧語を日本語化するときに、漢字・漢語訳と片仮名・片仮名語訳の二面で対応できたわけです。

言い換えるならば、翻訳できるまでは手ばやく片仮名で仮に受けとめておき、漢語訳ができると日本語の中にそれをしっかり定着させて使用可能にする――この二面作戦ができたため、日本語は東アジアでいち早く西欧語を吸収することに成功しました。

とはいえ、ある意味では不自由な面を持つその中国語に、日本語が多くを負っています。たとえば、『講談社国語辞典』（昭和四十一年初版）の調査結果によると、日本語に漢語が占める割合は五四・九パーセントで、和語の三〇・一パーセントを大きく上回っています。そして、これをさらに子細に見てみると、挨拶《あいさつ》語や日常生活語、魚虫草木名など、基礎的な語彙は和語ですが、先に例を挙げた芸術・思想・科学といった高等語の大半は中国語に淵源《えんげん》をもつ漢語です。

日本語の語彙の五五パーセントほどが漢語であるということからもわかるように、日本語の過半が中国から来たことは明らかです。おそらく、かつての日本（その成立については後述しますが）には、たとえば古アイヌ語や古琉球語のような言語が幾種類もあり、それがいわば「前日本語」を形成していたと考えられます。そこへ大陸から高水準の中国語が強い水圧でのしかかり、その結果、前日本語が整理されて、漢語と和語という二重性を持つ日本語が成立したのです。

強い比喩《ひゆ》を用いれば、日本語は中国語の植民地語、占領語の一種である——そう言うことができます。

漢字の成立がもたらした脱古代宗教

漢字もアルファベットも、もともとはともに古代の象形《しょうけい》文字に発しています。しかし、両者はその後、文字として新たに生まれ変わる過程で、まったく異なる道筋をたどりました。

漢字は中国・殷《いん》代の紀元前一四〇〇年ごろに誕生した宗教的な象形文字である甲骨《こうこつ》文字を、その後ほぼ一千年の年月をかけて換骨奪胎《かんこつだったい》し、字画《じかく》（点と線）によって表わされる文字へと転生させたものですが、その際、表意文字である象形文字の基本的な構造は壊《こわ》されることなく残りました。

始皇帝による篆《てん》書《しょ》体による統一で、
文字は神話世界を脱し世俗（人間）のものとなった。

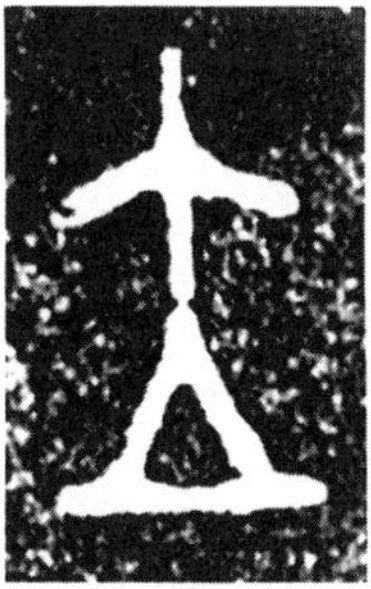
甲骨文の「王」（殷の時代）

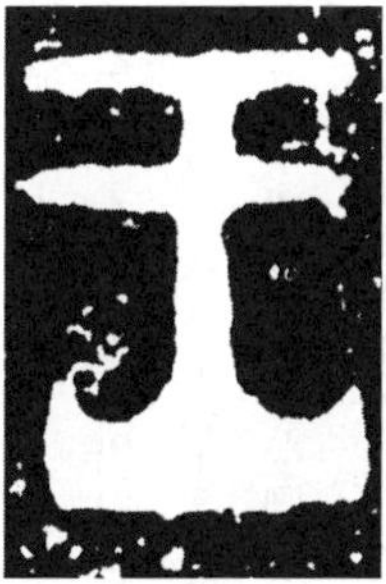
金文《きんぶん》の「王」（春秋戦国の時代）

篆書の「王」（秦の時代）

一方、同じく象形文字に発した西欧の文字は、アルファベットへと転生する過程で表意文字である象形文字とは完全に断絶し、表音音写文字へと生まれ変わりました。

これが漢字とアルファベットの本質的な違いです。しかも、この違いはそれぞれの言語にとってはきわめて重大で、漢字という表意文字を用いる言語は「文《かきことば》」（文字言語）を中心とする言語であるのに対し、アルファベットのような表音文字の言語は「言《はなしことば》」（声言語）を中心とする言語であるという決定的な差が両者の間に生じました。

漢字の元となった甲骨文字――中国の殷の時代に生まれたこの文字は、東アジアの最古の文字で、亀の甲羅《こうら》や牛の肩甲骨《けんこうこつ》に刻みつけられていたことから、この名があります。そして、これは形態から言えば象形文字で、性格から言えば中国古代の宗教国家的な世界観を反映した宗教文字でした。

たとえば甲骨文字では、王様の「王」という字はいまのように三本の横画《かく》と一本の縦画からなるのではなく、鉞《まさかり》の形を刻むことによって表わしていました。王とは強大な権力を持つ鉞であったわけです。

こうした古代宗教文字の時代は、紀元前一四〇〇年ごろから紀元前一二〇〇年ぐらいまで、一千年以上にわたって続きます。殷の次の周《しゅう》王朝、さらにその次の春秋戦国《しゅんじゅうせんごく》時代になると、文字は主として青銅器に刻まれ、鋳《い》こまれるようになり、そのことからこの時代の文字を「金文《きんぶん》」と言いますが、性格としては依然として宗教文字でした。

そして、この時代は、宗教国家であるため、文字は民衆には理解できない秘密の符号として秘められ匿《かく》されていました。殷や周王朝は、支配者が文字を独占し、深く隠匿《いんとく》したのです。

周王朝のそうした宗教的権威に挑み、宗教的な秘密の符号であり、象徴でもある文字を奪い取ろうという権力闘争が起きたのが、司馬遷《しばせん》の『史記』に詳しく語られている春秋戦国時代です。そして、その争乱の世を平定し、中国で最初の統一国家を打ち立てたのが秦《しん》の始皇帝です。

私たちになじみ深い漢字は、この秦の時代に生まれました。「王」は鉞の形態ではなく、私たちがよく知っている「王」という形の字になったのです。つまり、漢字の誕生とともに中国古代の宗教国家的な世界観との決別が図《はか》られ、脱宗教化が行なわれたのです。

漢字の流入はいつだったのか

宗教性を失い、自由さを獲得した文字（漢字）は、やがて大陸から四方の東アジア地域へと拡散を開始します。かつては宗教的・神話的なものとして秘密にされていた文字が、ただの文字（漢字＝字画文字）となったとき、東海の倭《わ》（日本）を含む東アジア全域へと広がっていくことになりました。

では、日本に漢字が入ってきたのはいつごろだったのでしょうか。私は、それは縄文時代末、つまり弥生時代の初頭であったと考えています。

当時の名もなき倭の諸国、東海に弓なりに浮かぶ列島、「弧島」は無文字社会で、古アイヌ語や古琉球語のような無文字の言語が無数に存在してはいたものの、「言《はなしことば》」だけがあって「文《かきことば》」はなかったのです。語彙も生活語が中心で、数はせいぜい数千語から一万語程度だったことでしょう。

そこへ大陸から直接に、あるいは朝鮮半島経由で、新しい文字と文化を持った人々が大量に流入してきました。

同時に、漢字の強力な造語力の影響を受けて、弧島語の語彙は飛躍的に増大し、文法

（弧島の言語がどんな文法を持っていたかは、文字がなかったのですから証明されようがありませんが）もまた、大きな変革を遂げたに違いありません。

漢字のすぐれた造語力、表現力

ところで、ひところ、一部の識者によって、漢字は字画数が多いので覚えるのが大変だから、ローマ字か平仮名書きにしたほうがいい、と声高《こわだか》に論じられたことがあり、「近眼が増える」と近眼の元凶にされたこともありました。

これはおかしな言いがかりで、漢字がきわめて効率的な文字であるということを正確に理解していないため、こういう見当違いの議論が生まれたのです。

「雨」「風」「雪」といった漢字をここでもう一度よく見てみましょう。あらためて言うまでもないことですが、これらの漢字は一字で一語をなし、それぞれ完結した意味を持っています。これがアルファベットや平仮名、片仮名にはない漢字だけが持つ性格です。漢字はその意味上の完結性に対応して、一字一字が自立した姿で現われています。意味と形態の完結性、これは漢字の大きな特徴です。

したがって、漢字が二つ結合するだけでも、語彙は飛躍的に増えます。たとえば、「雪」と「山」という字を知っていれば、二つが結合すれば「雪山」という二字熟語ができ、さらに別の文字と結合することで、「雪原」「山野」などと広がっていきます。「秋」と「雨」が結合すれば「秋雨」という新たな語が生まれ、さらに別の文字と結びついて「晩秋」「豪雨」と広がっていきます。したがって、たとえば子どもが漢字を千字覚えたとすると、二つの文字を組み合わせるだけで、計算上は一〇〇〇×一〇〇〇＝一〇〇〇〇〇〇と、百万語を得る可能性を手に入れることになるわけです。

もちろん、百万語というのは大げさにすぎます。しかし、千字覚えれば、数万語ぐらいの言葉は難なく導《みちび》き出すことができ、使えるようになることは間違いありません。漢字は、このようにとても効率のいい文字なのです。

それに対して、表音文字のアルファベットで数万語を覚えようとすれば、数万語のスペル（綴《つづ》り）をすべて覚え、書くときにはそれを正確に表記できるようにしなければならず、じつに大変なことになります。

アルファベットと漢字とでどちらが効率的かは明らかでしょう。その点を見落として、字画数が多いということだけで漢字を否定しようとしたローマ字論者の議論が浅薄であったことは、これでわかるはずです。

連語（二字熟語）によって新しい単語を作り出すことのできるすぐれた造語力、これが漢字の大きな特徴です。朝鮮でも日本でもベトナムでも、いまなお漢語が五〇パーセント以上の割合で成り立っているのは、まさにきわめて効率がよく、しかも表現力の豊かな文字であるからです。

まだ「日本」という国家はなかった

東アジアで、漢字に次ぐ新しい文字をつくり出したのは日本でした。しかし、前にも述べたように、この弧島に日本という国家がもとから成立していたわけではありません。

そのことを示しているのが、江戸時代に志賀島《しかのしま》（福岡県）から発見された「漢委《かんのわの》（倭）奴国王《なのこくおう》」という有名な金印です。この金印は、後漢の光武帝《こうぶてい》が西暦五七年に「漢委（倭）奴国王」に下賜《かし》したものであるということが明らかになっています。

この金印からわかることは、のちに日本と呼ばれることになる地域は、当時は中国

（漢）から「倭」と呼ばれている地方であって、その中に中国の冊封体制《さくほう》（中国が周辺の諸国に称号を授けることで従属させる体制）に組み込まれた「奴国」という小国があったという事実です。

それにしても、この金印はどういう経緯で漢委奴国王に下賜されたのでしょうか。もちろん、光武帝からの単なる贈り物ではありません。それは奴国に、冊封体制という中国の政治システムの存在を知っている支配層がいて、冊封を受けるための「上表文《じょうひょう》」を提出し、それに光武帝が応《こた》えたからです。

ということは、奴国、すなわち西暦一世紀の弧島には漢文を読み書きできる人間が相当数いたということになります。これについて、東洋政治史家の西嶋定生《にしじまさだお》さん（一九一九～一九九八）は次のように指摘しています。

中国王朝の周辺外夷の首長は、中国王朝との関係を維持永続させるためには、この文書外交を継続しなければならなかったのであり、そしてそのためには漢文による上表文を作成しなければならなかったのであり、またこれと並行して中国皇帝から下賜される漢文で書かれた勅書を読解しなければならなかったのである。そしてそのために、周辺外夷は漢字・漢文を習得しなければならなかったのである。

（『倭国の出現――東アジア世界のなかの日本』）

つまり、この時代、奴国やその周辺の小国の政治の中枢には、公用語としての漢文を自在に操《あやつ》ることのできる人間が少なからずおり、そういう人たちが政治の中枢を担《にな》って、国家をつくり始めていたのです。

卑弥呼《ひみこ》は中国語を話していた

一方、この弧島に大和《やまと》政権が成立してから編《あ》まれた『古事記』には、百済《くだら》から渡来した和邇《わに》（王仁）が「論語十巻・千字文一巻」を応神《おうじん》天皇に貢進したと記されており、これに従えば、四、五世紀ごろに初めて漢字・漢文が伝わったということになります。

しかし、実際はそんなのんきな話ではなく、弧島にはそれよりずっと以前から漢文を読んだり書いたりできる人々が存在していました。

もっとも、この時代、圧倒的多数の人民は依然として無文字で、古代からの生活語を話していました。政治に関わりのない層にとっては、漢字も漢文もまだ縁もゆかりもないものだったのです。

社会の支配層が漢文を公用語とし、下層は無文字の生活語を話すという時代は、およそ紀元前二〇〇年から紀元後の七世紀半ばまで続きます。その約九百年間、奴国などからなる弧島は、事実上、中国の一部であり、弧島の歴史は中国の歴史の一部として展開していたわけです。次第に国家の様相を呈し始めていたにしても、それはまだ到底「日本」と呼べるものではありませんでした。

しかし、当時の社会の上層に漢字・漢文が浸透していたことは間違いありません。邪馬《やま》台国《たいこく》の女王として名高いあの卑弥呼もまた、漢文を自在に操《あやつ》ることができたはずです。『魏志倭人伝《ぎしわじんでん》』によれば、彼女は紀元後三世紀ごろ、三十余国を統治下に置き、魏に使者を遣《つか》わして、明帝《めいてい》より「親魏倭王」の称号を賜《たまわ》ったとされています。それは卑弥呼が漢文による上表文を作成し、使者を送って中国魏の明帝に提出したからです。

つまり、卑弥呼は中国語（漢語）が読み書きできた——こう言うと、何やらあまりにも突飛《とっぴ》な想像のように思われるかもしれません。しかし、最近は歴史考古学者の中にも森浩《もりこう》一《いち》、水野正好《みずのまさよし》等、その可能性について言及する人が出始めています。従来の学問では、なぜかこうした可能性が深く考えられてこなかったのですが、卑弥呼は言ってみれば中国語で政治を取り仕切り、卑弥呼の庭では中国語がとびかっていたに違いありません。中国皇帝に上表文を提出することなしに、その冊封体制下に入ることなどありえなかったからです。

「日本」は敗戦をてこに生まれた

支配層が中国の冊封体制を強く意識し、歴史が中国の歴史の一部として展開していたと見なされるこの時代は、弧島の「中国時代」と名づけていいと思います。そして、この時代は、大陸人も半島人も弧島人も相互に出入り自由であり、無文字時代の自然の往来以上に人の往き来が激しかったと考えられます。

その弧島に、国家としての「日本」が成立したのは、七世紀の後半、従来の日本史の年代で言えば飛鳥《あすか》時代のことです。

学校で歴史の時間に「白村江《ハクソンコウ はくすきのえ》の戦い」について学びましたが、これは、六六三年、倭（大和《やまと》朝廷が治めていた弧島の中国側からの呼び名）が朝鮮半島に出兵し、半島西南部の白村江で唐・新羅《しらぎ》連合軍に敗れたという戦いでした。

この敗戦を契機に、弧島の政権は大陸と半島から締め出しを食い、政治的には中国（唐）からの独立へと向かいます。つまり、敗戦をてこに建国へと向かったわけで、奇妙なことにこのあたりは何やら第二次大戦後の日本とよく似ています。

ともあれ、その後、壬申《じんしん》の乱（六七二年）を経て、大和政権は唐を範と仰ぎ、律令国家への道を歩み始めます。「天皇」という称号、「日本」という国号が確立されたのはこの時期でした。

つまり、弧島の政権はこのころから、中国から与えられた名称「倭」に代えて「日本」という国号を対中国用に使い始めたのです。もはや倭ではない、日本であると自称し始めたところに、中国からの政治的独立の気概が込められています。

一方、朝鮮半島でもほぼ同じころ、新羅が統一を達成（六七六年）し、さらに半島の北部から大陸東北部は渤海《ぼっかい》国として独立します（六九八年）。七世紀後半、北東アジアには一つの大国、三つの小国からなる四つの国家が並立して聳《そび》え立つことになったのです。

漢語・漢文への異和

新たな日本語形成への模索が始まったのは、まさにこのころからでした。

その原動力となったのは、徹底した中国語、中国文学の学習です。そして、その中核的な担《にな》い手が仏教と仏教者でした。日本においては、仏教は宗教である以上に中国語であり、中国の学問・知識、つまり当時としては世界最高の学問であり、知識でありました。したがって、それを担う僧侶は当時最高の知識人でした。

とくに写経が盛んだった奈良時代の天平期《てんぴょうき》は、知識階級による中国語学習が頂点に達した時代であったと言うことができます。

写経はいまでも盛んに行なわれており、中高年層の間では一種の静かなブームのようですが、天平時代の写経は現在のように個人の信仰や魂の癒《いや》しのために行なわれていたのではありません。それは国家を挙げての識字《しきじ》運動、仏典に姿を変えた高級中国語の一大学習運動だったのです。

しかし、その学習運動が頂点に達し、中国語や中国文化の精髄《せいずい》にまで触れる段階になると、ある種当然の帰結として、漢字・漢語・漢文への異和が生まれます。つまり、弧島の人々の心の中に漢字・漢語・漢文だけでは満たされない、あるいはそれに反撥《はんぱつ》する意識も芽生《めば》えたのです。

おそらく、異和の最大のものは中国語のあまりにも強い断言性と政治性だったと思われます。その異和を埋める言葉の器《うつわ》としてつくり出されたのが、平仮名と片仮名という二つの文字でした。

万葉仮名から平仮名へ

まず平仮名の成立について模式的に見てみましょう。

「春」という漢字は、現在の中国語では「chūn」と読みますが、当時の弧島の知識人も中国音に従って読み、この語が持つ意味を理解していました。しかし、しだいに、この語を中国音によらずに自分たちが日常使っている言葉、古代倭語に置き換えて理解したいと考えた。つまり、「翻訳」したいと思ったわけです。

そこで、おそらくはいくつもあったであろう古代倭語の候補の中から、「春」に対応する言葉として「はる」を選び出した。同じようにして「夏」(xià) には「なつ」、「秋」(qiū) には「あき」、「冬」(dōng) には「ふゆ」というように、次々に選び出し、書くことによって決定していった。これが、いわゆる「和訓《わくん》」です。そして、これらを優先させて使っているうちに、次第に定着をみて、固定した訓になっていったのです。

一方、弧島の人々は同じころ、漢字の音を利用して、たとえば、「はる(春)」は「波流」、「なつ(夏)」は「奈都」、「あき(秋)」は「安伎」、「ふゆ(冬)」は「布由」などと、「宛字《あてじ》」表記を始めます。見てのとおり、音を借りているだけで、漢字のもともとの意味とは関係ありません。このように、もともとの意味とは無関係に、音や訓を利用して表記に使った漢字が「万葉仮名」です。見かけは漢字そのものですが、これが最初の「仮字＝仮名」文字です。

そして、やがてこの漢字＝万葉仮名がくずされて「草仮名《そうがな》」という書体を生みます。草仮名は、形態上は草書体の漢字です。

漢語は楷書《かいしょ》体で、弧島由来の言葉はくずして草書体でと、区別して書いたわけですが、それにはひじょうに興味深い背景があります。たとえば官職についても中国から来たものについては楷書で書き、弧島で独自に生まれたものについてはくずして書くということがありました。これは、中国生まれのものを敬し、弧島生まれのものについては、謙《へりくだ》ったからです。

万葉仮名（楷書体の漢字からなる真仮名《まがな》）に始まり、さらにそれをくずした草仮名（草書体の漢字からなる）がつくられ、ついには漢字とは思えない字、あるいは明らかに漢字ではない仮名文字である女手《おんなで》（平仮名）が生まれました。たとえば「安」はくずしにくずした結果、「あ」に変わり、同様に「加」は「か」に、「左」は「さ」に変わってしまった。こうして誕生したのが「平仮名」です（巻末「平仮名の字源」参照）。

女手は草仮名からの飛躍で生まれました。草仮名は形の上では草書体の漢字の姿をとどめていますが、女手は、もはやどう見ても漢字ではない姿にまで飛躍しています。その飛躍は、草仮名よりもさらに省略されている点にではなく、文字相互が語を形成しようと上下に結合する姿を有《も》つに至った点に求められます。上下に結合するに至った仮名文字が女手です。女手はもはや宛字ではなく、伸び伸びと言葉を招き入れる新生の文字です。

この女手を持つことによって、和語の表現力はこれまでよりはるかに豊かになりました。女手で詩や文章をつくろうという意志の自立を促《うなが》し、漢字・漢文では満たされなかった人々の思いを一挙に噴出させます。こうして女手は、これまでは表現しえなかった繊細で微妙な表現を可能にした、いわばきわめて野心的な文字として、和歌や和文体の成立を導き、それらを花開かせていくことになるのです。

日本語の確立とともに誕生した日本

片仮名もまた、漢字から生まれた文字ですが、平仮名とは性格が違います。片仮名は漢詩・漢文を翻訳理解するための補助記号（辞）として生まれた文字で、漢字の省略形としてつくられたものです。

たとえば「久」の初めの二画からつくられたのが「ク」、「須」の終わりの三画からつくられたのが「ス」、「乃」の初めの一画からつくられたのが「ノ」です。「波流（春）」や「奈都（夏）」といった万葉仮名のくずし字からつくられた女手とは明らかに違います（巻末「片仮名の字源」参照）。

片仮名の基本的な役割は、漢詩・漢文の間に入り込んで、それを読み下し文にするということにあります。漢字の羅列に仮名を添えて解《わか》りやすく、正確にすることを一般に「開《ひら》く」と言いますが、片仮名の役目もそれに似て、もっぱら漢詩・漢文を開くことにあります。

たとえば唐の詩人・杜牧《とぼく》の七言絶句《しちごんぜっく》「山行」の初句に片仮名を入れ、開いて読み下すと次のようになります。

遠上寒山石径斜　遠ク寒山ニ上レバ石径斜メナリ

つまり、漢字の連なりの間に片仮名を割り込ませて、それぞれの漢字を訓で読んだり、ときにはそのまま音で読んだりしながら、訳体（訓読体）で翻訳してしまう。これは漢詩・漢文の一つの新たな理解法で、片仮名は漢詩・漢文を読み下すときに大いに重宝《ちょうほう》されました。

また、片仮名は漢語に割り込んで、それを開くこともできます。たとえば「昇降《ショウコウ》」という漢語のそれぞれの漢字に片仮名の「リ」を付属させて「昇リ降リ《のぼりおり》」とすることができ、こうすると、いささか抽象的で素っ気《そけ》なかった「昇降」という言葉に躍動感が生まれ、その意味がより生き生きと伝わってくるようにもなります。片仮名を添えることによって、言葉の理解が容易になり、しかもその言葉に一歩踏み込んだ微細な表現をもたらすのです。

こうして、漢字に加えて、平仮名と片仮名が生まれ、それらがほぼ定着したのが九世紀末から十世紀初頭です。現代にまでつながる「日本語」が確立したのはこのときでした。すでに七世紀半ばに政治的には大陸から独立していた日本人は、以後、文化的にも日本人となり、日本語を書き、そして話すようになります。つまり、真の意味での「日本」という文化国家は日本語が言語として確立したときに誕生し、「日本人」もまた、そのときにようやく「生まれた」のです。

花開く王朝時代の仮名文字文化

女手（平仮名）が新しい文字として成立した平安中期は、それに伴った貴族文化の花開いた時代です。平安も後期になると、新興の武士階級が次第に台頭し、また庶民が初めて歴史の舞台に登場してきます。その背景は、言語の面から見れば、平仮名と片仮名という新しい文字ができて表現力が豊かになった日本語（和語）が社会に広く浸透した結果、武士階級や庶民もまた表現力を増し、力をつけた、ということになります。

この時代はまた、平仮名文字による文学、すなわち王朝文学の黄金時代です。『土左日記』に始まる日記文学、『源氏物語』を頂点とする物語が相次いで書かれ、随筆『枕草子』が生まれ、『古今《こきん》和歌集』『新古今和歌集』といった勅撰《ちょくせん》和歌集も次々に編《あ》まれます。

これらはすべて平仮名による文章、つまり和文であり、平仮名による詩、つまり和歌です。しかも、これらの平仮名文字による文学は、どれをとってみてもきわめて高い完成度を示しています。西暦一〇〇〇年ごろ、女性がこれほど高度な文学的創造を行なっていた国は世界のどこを探してもありません。しかし、それは、日本の女性がえらかったということではなく、女手という文字が成立し、「女手」と呼ばれて女性に開放されたが故にもたらされたものです。文学や言葉は、文字の運動に支えられているのです。

また、これらの和文や詩を写した「女手」による書は、動物の骨や青銅器や石に刻《ほ》ることを根底に成り立っている漢字の書と異なり、紙を出発点としているため、紙の表面を滑るようになめらか、かつ優美で、散らし書きに見られるような構成的な美を生みました。

西欧にもアルファベットを花文字風に飾り立てるカリグラフィーという分野がありますが、日本の女手が生み出した書の美はそれとは本質的に異なります。新生の女手という文字が当時の日本語の表現力を高く、美しく押し上げたのです。

漢字と仮名が日本という国をつくった

しかし、その後、鎌倉時代になると、この漢語と和語からなる日本語のありようが、決定的な変質をこうむる事態が起きます。

その大きな要因は、大陸における南宋《なんそう》の滅亡でした。中国では十三世紀初め、蒙古《もうこ》族が漢族（漢字族）を征服し、元《げん》という王朝を打ち立てます。大陸からはその元を避けて、滅亡した南宋の僧侶をはじめとする知識人が多数、日本に亡命してきました。中国の高度な学問を身につけていた彼らは、朝廷や幕府周辺よりも東アジアの政治と法務と学問と経済（貿易）に精通していましたから、すぐに朝廷や幕府と肩を並べるほどの力を有するようになります。そして、その力を背景に日本において禅を確立するとともに、幕府があった鎌倉と朝廷があった京都に、きわめて親中国的・疑似《ぎじ》中国的な政治的・文化的空間をつくり上げました。日本史において「五山《ござん》」（鎌倉五山、京都五山）と呼ばれるものがそれです。

五山というのは、この親中国的・疑似中国的空間の中核が五つの寺院であったことに由来するものですが、これは当時の法務・外交・貿易を担う一種の文官政治機構でした。また、文化の面では五山文学と呼ばれる漢文学を推進し、それを世の中に広めるための出版技術（五山版印刷）まで備えていました。

この「五山」では、大陸からの宋学（朱子学）をはじめとする言語と知識が流入しています。このせいで、平安時代までのそれとは異なった、大陸・宋直輸入の漢詩・漢文の再興が起こり、日本語にまた新しい文体が誕生します。漢字と仮名が混じり合った文章、いわゆる「和漢混淆体《こんこうたい》」です。

この和漢混淆体（漢字仮名交《ま》じり体）は後世に引き継《つ》がれる一方、王朝時代にあれほど多数のすぐれた歌人を輩出した和歌からはもはや目立った歌人も生まれず、勅撰和歌集の編纂《へんさん》も行なわれなくなっていきます。和漢混淆体の登場によって、仮名文字による文学は大きな打撃を受けたのです。

この和漢混淆体という新生の文体で書かれたのが鴨長明《かものちょうめい》の『方丈記《ほうじょうき》』や、『保元物語』『平家物語』などの軍記物語、唯円《ゆいえん》が師・親鸞《しんらん》の言葉を書き遺《のこ》した『歎異抄《たんにしょう》』などです。そして、以後、和漢混淆体はその後の江戸期や明治、大正、昭和という時代を経て、現代にまで受け継がれ、日本語の中枢の文体となっています。

このように、漢字と仮名が日本と日本語と日本文化、ひいては日本人をつくりました。西欧の学問を基盤とする多くの人は、国家というものはさまざまな勢力による権力闘争という歴史的現実が積み重なって成立し、言葉はそれとは無縁に標準語や公用語として整理統一されていくのだと考えています。しかし、書字中心言語である東アジアにおいては、言葉＝文字とともに国家は生成するのであり、言語は形態として国家と相似《そうじ》形を見せます。

もちろん、日本もその例外ではありえません。事実、漢字に仮名（平仮名、片仮名）を交《まじ》えて書くという、三種類の文字を必要とする言語・日本語のこの形態は、現代の私たちの物の考え方や心理にまできわめて大きな影響を与えています。

民衆のものになった文字

鎌倉時代に生まれた和漢混淆体はいったいなぜ、それほどすみやかに民衆の日本語の中に定着していくことができたのでしょうか。

そこで、鎌倉時代に親鸞や日蓮《にちれん》などを代表とする仏教者によって数多くつくられた「和讃《わさん》」について簡単に触れておきたいと思います。和讃というのは、仏教の教えを七五調の文章で説《と》いた、いわば仏教式の賛美歌です。代表的な例としては親鸞の『正像末和讃《しょうぞうまつわさん》』がありますが、七五調になっていますので、声に出して読むと大変調子がよく、誰もがひじょうに覚えやすいものです。

鎌倉時代にはその和讃が、漢字片仮名交じり文や漢字平仮名交じり文で、たくさんつくられ、難解な仏教の思想を流れのいい口調に乗せて、わかりやすく民衆のもとに届けられました。

民衆がこの和讃という漢字片仮名交じり文や漢字平仮名交じり文を歓迎したことは言う

までもありません。仏教は日本に伝えられて以来、長く貴族などの知識階級に独占されていましたが、漢字片仮名交じり文や漢字平仮名交じり文によって、民衆にとっても身近なものとなったのです。

このとき、従来は貴族・僧侶といった知識人、あるいは政治家や貴族しか使えなかった文字が、大衆のもとに届けられたのです。

日本語の中の三種類の原理

平仮名や片仮名は国家によって制定された文字ではなく、自然発生的に発明された文字です。ベトナムのチュノム（字喃）は漢字の中のごく一部、日本の国字《こくじ》程度のものにすぎず、朝鮮のハングルは国家が制定した文字です。そういう意味では、日本の仮名、とりわけ平仮名は、東アジア文化圏の中でもきわめて特異な出自《しゆつじ》を持つ文字です。

平仮名と片仮名ができたことによって、日本語は漢字と平仮名と片仮名の三種類の文字を持つようになりました。これは単に、一つの言語を記述するための文字が三種類あるということではなく、一つの言語に三種類の異なった「文体（原理）」が入り込んでいることを意味しています。このように、言葉が三種類の文字を持つに至って、日本語が生まれたのです。

三種類の原理を絶えず意識し、確認しながら言葉を使わざるをえないという構造の言語は世界中を見渡してもほかにはありません。

巨人軍の元監督・長嶋茂雄《ながしましげお》氏はきわめて特異なしゃべり方をすることで有名です。彼の談話はときどき助詞が抜けていたり、外来の片仮名語が突然挿入されたり、あるいは論点が急に飛躍したりして妙です。それが笑いを誘い、物まねタレントがテレビでふざけるときの材料にされたりしていますが、巨人軍は嫌いでも、彼のことを悪く言う人は少ないようです。長嶋氏が「いわゆる一つの……」と「文《かきことば》」風に話すので、次には何か難しい漢語でもくるのかと思うと、そこに「チャレンジ」とか「メイクドラマ」とかいう片仮名語がぽんと挿入される。それを日本人は別に驚かない。もちろん、思わず吹き出したりはしますが、とくに問題にするほど奇異なことだとは思わないのです。

しかし、もし長嶋氏の話す言葉が英語やフランス語のような西欧型の言語であるならば、あのように奇妙な話し方はできず、人々に到底受け入れられず、おかしな男だ、とにかくその変な言葉を何とかしてくれ、とさんざんでしょう。

日本人が長嶋式の変なしゃべり方に反撥を感じずに、むしろ愛すべき人物と受けとめるのは、日本人が日本語に入り込んでいる三種類の原理を日常的に使い分けていて、漢字仮名交じりのじつに複雑な構造の言葉にすっかり馴《な》れ親しんでいるからです。

文字の形態が「日本人」を規定している

それにしても、日本語が持つこのように特異な構造は日本人の思考様式や心理にいったいどんな影響を与えているのでしょうか。

日本は漢字仮名交じり語の国であり、その多重の複線的性格が日本文化の特質となっています。かつてノーベル賞を受賞した作家・川端康成《かわばたやすなり》が授賞式の記念講演で日本文化の繊細さ、複雑さについて語り、その後やはりノーベル賞を受賞した大江健三郎《おおえけんざぶろう》が日本文化の曖昧《あいまい》さについて語ったのは、二人が文字と言語、文字と文化の関わり合いにどれほど自覚的であったかはわかりませんが、いずれにしても漢字仮名交じり語の国の二重複線の文化の特質について触れたものでした。

日本語、あるいは日本文化は、確かにある種の曖昧さを宿命的に内包せざるをえません。その曖昧さとは、日本語に三種類の原理が入り込み、三重の構造になっていることによって、ときとして生じる「空白＝ゼロ地帯」のようなものだと言えるかもしれません。つまり、そのゼロ地帯では、一つの表現が「ＹＥＳ」であったり「ＮＯ」であったり、またそのどちらでもなく、どちらでもある、といった玉虫色的な現象が起きるのです。

たとえば「故郷が見える」という一文の「故郷」は、「コキョウ」であるか「ふるさと」であるか不明のまま読み進まねばなりません。また「故郷」という漢字を思い浮かべて発する「ふるさと」と、「ふるさと」という平仮名を思い浮かべて発する「ふるさと」とは、意味が微妙に異なるにもかかわらず、どちらであるかの確認もとれぬまま会話は進んでいきます。

しかし、日本語はこれからも漢字仮名交じりを基盤としていく以外に方法はありません。したがって、繊細で、複雑で、また曖昧でもある日本語や日本文化をとりたてて礼賛《らいさん》する必要もなければ、また卑下する必要もありません。大切なのは、日本語や日本文化にそういう特質があることをはっきりと自覚すること、つまり「己《おのれ》を知る」ことであって、そうした内省こそが、結局は日本語を大切に守り育て、豊かにしていくことにつながっていきます。

脳科学からもわかる日本語の特異性

日本語の特異性は脳科学の研究からも確かめられているようです。

脳の障害で、文字が読めなくなってしまう「失読症《しつどくしょう》」という症状が起きることがありますが、洋の東西を問わず、文字を持っている民族なら世界のどこの人でも発症するこの症状で、日本人にだけ奇妙なことが起きるというのです。

　世界一般《いっぱん》に、失読が起こるのは角回の障害とされている。角回というのは、角張った回転という意味で、回転というのは脳のシワ、溝《みぞ》と溝との間の平らな部分である。大脳皮質には、解剖学的《かいぼうがくてき》にそういう名前をつけられた場所がある。そこの障害で、万国共通に失読が生じる。ただし日本人では、角回の障害で生じるのは、カナ失読だけである。われわれは漢字を、それとは別な大脳皮質の部位で読むらしい。

（養老孟司《ようろうたけし》『考えるヒト』）

日本人にだけ、仮名失読と漢字失読という二種類の失読症が生じる。これは日本語に漢字と仮名があり、それを読むときに日本人は脳のそれぞれ別の二カ所の部位を使っているということを意味しています。一カ所は漢字を読むための部位、もう一カ所は仮名を読むための部位です。言い換えれば、日本人の脳には、文字を読む、つまり言葉にするときに、世界の他の地域の人が使っていない場所があるわけです。

これは日本人にだけ見られる特殊な現象だというのですが、確かに西欧型の言語ではこういうことは決して起きないでしょう。一種類の文字しかない西欧では、一種類の失読症しか起こりえないからです。

伝言ゲームが成り立つ理由

文化人類学者であり、言葉についても深い考察のある川田順造《かわだじゅんぞう》さんの『コトバ・言葉・ことば』という著書の中に伝言ゲームについての興味深い記述があります。伝言ゲームというのは、ご存じのように何人かが並び、先頭から順番に出題された言葉を耳打ちしていき、最後の人が口にした言葉が、出題された言葉にどれだけ近いかを競《きそ》うゲームです。

川田さんは日本語は文字が介在しているために純粋に音だけで聞き取るのではなく、音から文字を想像して聞き取ろうとすることでどんどんと伝言内容が変化していくことを指摘しています。

たとえば、「山田さんが手に荷物を下げています」という言葉が、日本語では、数人を経《へ》るうちに「山田さんが勝手にものを叫んでいます」と大きく変化します。ところが、英語で伝言ゲームをしても、「Mr. Yamada has a load in the hand.」は、せいぜい「Mr. Yamada」が「Mr. Imada」になるくらいのようです。

あるいは、こういう話も耳にしたことがあります。フランスでフランス人と日本人が伝言ゲームをしたときに、フランス人が「日本人はずるい」と言うので、その理由を訊ねると、「日本人は前の人の伝言を聞きながら、しきりに指を動かしている。何か合図を送っているに違いない」と答えたというのです。日本人が言葉を「文字で聞き」「文字で話している」という好例ですが、声ではなく「文字で聞く」という日本（語）人の態度が、フランス（語）人には理解できなかったようです。

もう一つ、日本語の発声は、英語や中国語に比べてかなり平板だという特徴がありま す。英語や中国語ならアクセントがはっきりしていて、発音上、強い凹凸《おうとつ》がありますが、日本語の場合は平板で、「しのび声のよう」と中国人は聞くようです。

たとえば日本語の母音というのは、いまは五つしかありませんが、これも五母音しかない平仮名のせいです。つまり文字が発音を逆に規定したのです。奈良から平安初期の日本語は八母音であったと言われるように、平仮名がつくられる以前の時代の言葉が、いまのように平板だったとは考えられません。

ところが平仮名ができて母音を書き取る文字が五母音になってしまった。このことが日本語を平板にしました。

それでも、我々の祖父あたりの世代では、「を」は「ｕｗｏ」に近い発音であり、「学校」は「ｇｕａｋｋｏｕ」、「観察」は「ｋｕｗａｎｓａｔｓｕ」という発音が残っていました。印刷文のルビも「グァッコウ」、「クァンサツ」と附されていましたが、いまは「ガッコウ」「カンサツ」と、さらに平板になってしまいました。

文字によって発音が規定されてしまうと例をあげれば、東京のＪＲ山手線《やまのて》に「日暮里《にっぽり》」という駅がありますが、これは「ひぐらしのさと」が「日暮里」と書かれ、これを音《おん》で「ニッポリ」と呼ぶようになり定着したものです。

こうした変形は、アルファベット言語にも見られる、文字が発音を規定する「綴字発音」と呼ぶ現象ですが、ソシュール等の西欧言語学では、これは言語の畸型《きけい》的現象にすぎないと眼を鎖《とざ》し、解明を怠《おこた》ってしまいます。

西洋の音楽に対応する東アジアの書

伝言ゲームで見てきたように、日本語は話をし、声（音）を聞いていながら、実際には「文字を話し・文字を聞く」のだということがおわかりいただけたと思います。これはアルファベットを使う言語と基本的に違う点で、西欧の場合は、まず音があり、当然のことながら言葉は音楽へと直接的につながっています。オペラ、バレエ、交響楽など、西欧で音楽がひじょうに発展し、文化の中心にある理由もそこにあります。

それでは、西洋の音楽に対比されるものは何かと言えば、東アジアの漢字文明圏の「文字を話し・文字を書く」言語においては「書《しょ》」なのです。西欧の音楽は東アジアの書に相当します。書には音階があると言えば、みなさんは、さらに驚かれるかもしれません。たとえば「三」という漢字は、秦の始皇帝時代の篆書《てんしょ》に至るまでの書体においては、いずれも同じ長さの三本の線にすぎませんでした。「三」の字はもともと同じ長さの三本の算木《さんぎ》を並べた姿に発したからです。ところが、この篆書と同時期に、筆記体で書かれ始めた隷《れい》書《しょ》以来、楷《かい》、行《ぎょう》、草《そう》から現在の文字に至るまで三つの異なる長さの字画（線）で構成されています。この長さの異なる三つの画の起筆部におたまじゃくし（音符）の頭を描いてみてください。この位置の落差こそが音階です。縦に五線を引けば、そのまま縦の五線譜になります。

それからまた、現在の日本人の多くは「三」の三つの字画（線）の一番上を中くらいの長さに書いて、二番目はごく短く、そして三番目はやたらと長く書きますが、歴史的な基本は、一番目と二番目はほぼ同じ長さか、ほんの心持ち二番目が長いくらいで、三番目は長く書きます。それはちょうど富士山の稜線のような音階性を持っています。

富士山の稜線の美、あるいは入江の海岸線の美、いずれも音階性＝音楽性の美にほかなりません。

もちろん複雑な字も同様で、線の長さと書くときの力の強弱を数値化して記録すれば本格的な楽譜となり、そこには無声の音楽ができあがっています。

このように、書と音楽は、音と書きぶり（筆蝕）という違いはあっても、共通の表現構造を有する、近似した表現です。

パソコンの言葉は「代用品」にすぎない

長年、言葉を相手に研究を重ねてきたはずの国語学者が、最近のワープロ、パソコンの流行に目をくらまされ、漢字は書けなくても、読めればいい、という愚論を吐《は》くのには呆《あき》れます。

確かに、ワープロやパソコンはどんなに難しい漢字でも、読みを入力すればモニターにはその文字を映し出してくれます。しかし、それは文字を「書く」という行為ではありません。まずキーでローマ字か仮名文字を打ち込み、それを変換する。目的の漢字が一度で出てこないと、二度も三度も変換する操作が必要になります。携帯電話のメールも同じで、数字が書いてあるキーを何度も押して仮名を出し、次にそれを漢字に変換するという、ひじょうに複雑で歪《ゆが》んだ操作が必要です。本来なら直接に書いたり話したりすることでなされる人間と人間の言葉のやりとりの場に機械が介在することによって、きわめてまわりくどい操作を必要とするようになっています。人間が機械に従属する操作者として、ねじ曲げられた方法で言葉を発していかなければならないという妙なことになっているのです。

しかも、たとえば頭の中では「秋が来る」と書きたいと思っているのに、手は「ａｋｉｇａｋｕｒｕ」とか「あきがくる」と打ち込まなければならないという分裂したありようは、既述の、言葉を生み出す思考の流れに反し、最も適切な言葉を生み出すための集中力を妨《さまた》げます。「飽きが来る」と飛び出てきたのでは、気が萎《な》えるではありませんか。これは、本来の言葉が発せられる姿ではありません。ワープロやパソコン、ケータイといった機械を介在させて発せられた言葉は、言葉を「代用」する緊急避難的なそれにすぎません。

目に余る「誤字お詫《わ》び」

ワープロやパソコンは、また別の面でもおかしな事態を招きます。たとえうろ覚えでも、読みさえ知っていれば小学生でも字画数の多い難しい漢字をモニター上に呼び出せます。したがって、手書きでは書けない漢字仮名交じり文が小学生にもそれなりに作文できることを意味します。

紙に手書きで文章を書く場合はそういう事態は起きません。知らない文字にとどまらず、自分が信じていないことや、これまで一度も使ったことのない言葉は書けないものです。

ところが、機械を介在させると、自分がどこかにいなくなってしまって（主体が消え）、何でも書けてしまう。しかも、書いたことがたとえ間違っていても、それが自分の責任だとは思えず、すべて機械のせいのように思えてしまう。

それに付随して思い出すのは、近年のテレビ報道番組での目に余る「誤字お詫び」です。ほとんど連日、キャスターと称する人たちが反省もないまま、ペコペコと頭を下げています。その番組が政治家や経営者を「頭を下げるだけで、なんら対策がとられていない」となじり続けています。ライブドアのニッポン放送買収未遂事件で、ニッポン放送やフジテレビは「公共性」を口にしました。関係者が本気でそう考えているなら、現在すでに巨大教育機関としても機能している以上、出版社や新聞社を定年退職した校正者を大量採用して、誤字の追放に取り組むべきでしょう。放送における誤字や誤報は、鉄道における脱線に相当するあってはならないミスとは考えないのでしょうか。

また、最近の新聞記事内容の多くが、目に見えて中身を薄めてきています。活字が大きくなり、一ページあたりの文字数が減ったからという理由ばかりではないようです。以前の新聞記者はちゃんとした記事を書いたつもりでも「これはただの情報じゃないか。記事を書け、記事を」とよく上司に叱《しか》られたそうです。最近の新聞では、知りたい情報が読めて、「なるほど」と納得できる記事が少なくなっています。不十分なデータのような記事が多く、また、独《ひと》りよがりで、書いている記者だけが楽しんでいるようなコラムもよく目につきます。これは新聞記者の質が低下したということではなく、パソコンを使って記事を書くようになったせいです。要するに、悲喜こもごもの人間世界の出来事さえもが、軽くて味の薄いパソコン文体でデータとして処理されているのです。

「書字」は農耕である

国語学者の、漢字は書けなくてもいい、読めればいいという説は、機械にすぎないワープロやパソコンの利便性に寄り掛かっているだけで、人間の文明や文化は、文字を「書く」という行為によって蓄積されてきたという大事な点を見落としています。よく知られているように、英語のculture（文化）という語はcultivate（耕《たがや》す）という動詞にも連なる言葉で、この場合の「耕す」は知的な生産を行なうという意味です。その知的生産の厖大な堆積が、すなわち人間の文明と文化にほかなりません。したがって、鉛筆やペンなどの筆記具は鋤《すき》や鍬《くわ》であり、それ故、「晴耕雨読《せいこううどく》（晴れた日は田畑を耕し、雨の日には読書する）」という熟語が成立しているのです。

文字を書くことは、「農耕」であると言ってもよいのです。

それほど重要な意味を持つ「書く」という行為を放棄してしまえば、人間の文化がたちまち衰弱に向かうことは明らかです。漢字は書けなくてもいい、読めればいいという説が愚論である理由がそこにあります。

すでにワープロやパソコンの急速な浸透によって、いざ自分の手で漢字を書こうとすると書けない、知っていたはずなのに思い出せないという現象が多くの大人たちの間で起き始めています。しかし、自分の手を使って書くことを怠っていれば、その現象が起きるのは当然です。そして、いったん文字を覚えた大人たちが忘れるならば、これから文字を覚えねばならない子どもたちは、文字を覚えなくなること必至です。「声に出し読む」運動も大切ですが、書いたものを「読む」わけですから、「読む」以上に「書く」ことが大切であることは言うまでもありません。漢字は書けなくてもいいなどと言っている場合ではないのです。

筆記具と紙の間で繰《く》り広げられる言葉の劇《ドラマ》

では、文字を「書く」とは、いったいどういう行為なのでしょうか。

私はいま、筆記具とは鋤や鍬であり、その筆記具を使っての「書字」は農耕と同じであると言いましたが、ペンや鉛筆などの筆記具には必ず軸《じく》や柄《え》があって、先端は先に向かって鋭く尖《とが》っています。その尖った先端を紙に触れさせ、触れたときのその感触を受けとめながら、言葉を紡《つむ》ぎ出していく——これが文字を「書く」という行為です。キーを打ちながらモニターを見ている、そこに映し出された文字をこれだという文字になるまで変換するという操作とは、明らかに異質な行為です。

「書く」際には、紙の上で動いている筆記具の尖った先端から、一点一画手を通して戻ってくる微妙に味わいの異なる感触があります。それを感じ取り、いわばその感触とのやりとりを楽しみながら言葉を紡ぎ出す。それが文字を「書く」という営為《いとなみ》です。

しかも、書き始めると、紙の上には自分の書いた文字が少しずつ定着していきます。うまく書けたと思うこともあるし、下手《まず》いなあと思うこともある。とにかく、自分が書いたその文字の姿を追いながら書いていく。それが「書字」という行為の現場です。

私はこういう原稿を書いていて、ときどき気づくことがありますが、文章を書くことに全身が集中し、いつのまにか佳境に入っていたというようなときには、それこそ歯を食いしばって、足の指にまで力が入っている。そんなふうにして書いているときもあります。

それに加えて、文字を書いているときには、もうちょっといい字を書きたいとか、なぜ自分はこう字が下手《へた》くそなのだろう、もっと整《ととの》った字がなぜ書けないのだろう、などと思うものです。つまり、そこには書字に伴う美意識があり、自省があります。絶えず美を意識し、自省しながら、文字と向き合っていく。かつては、それが文字や文章を「書く」ということでした。「書く」ことは、手先を使う他のいろいろな細かい作業と同様、じつに根気のいる丹念な手仕事であり、手仕事の美が常に意識されていたのです。

しかし、ワープロやパソコンで文字や文章を書く人が多くなった現在は、そのような美意識が失われようとしています。文字を書きながらの自省も、少なくなりました。キーを叩けばモニター上に文字が映し出され、しかも、いつでも同じ活字風の姿をしているその文字は自分が書いた文字ではないのですから、自省の美徳は失われます。ワープロやパソコン、ケータイなどがつくり出したのは、軽く、無責任な言葉がひっきりなしに飛び交う劣悪な社会、生活環境です。

「書く」こととは、文字を「記し」たり、単に「書きつける」ことにとどまるものではありません。それは人間が全身をあげて紙という対象に相対《あい》し、筆記具の尖《とが》った先端でその対象に触れ、紙という対象を力でもって変形していく全身体的表現を意味します。「書く」ことは、ペンや鉛筆を持つ手と紙という対象の間で繰り広げられる言葉の一大誕生劇《ドラマ》なのです。

ペンは剣である

昔から「ペンは剣より強し」と言いますが、これは剣と筆記具の本質が似通《にかよ》っているところに生じた比喩《ひゆ》です。ペンと剣には形態上、柄《え》があり、先端に尖った部分を持つという共通点があります。刀あるいは剣は武力でもって世界を変える力を持ち、他方、ペンは言葉をもって世界を変える力を持っています。

ペンは剣であるということを考えるとき、私の頭に浮かんでくるのは、オウム真理教事件で殺された坂本《さかもと》堤《つつみ》弁護士一家の遺体が発見された日、母親のさちよさんが朝からずっと習字をしていたと伝えられたことです。これは、まさに「書く」こと、そして「ペン」というものを象徴しているニュースです。

ペンは剣ですから、麻原《あさはら》憎しという思いをそこに表出できます。もちろん紙の上に書いているのは、「憎い」という文字ではなく、なにかの手本の文字をなぞっているにしても、憎いという思いを込めた、「言葉以前の言葉」である書きぶりが、そこに定着されます。さちよさんは麻原を代表とするオウムと戦う気持ちで字を書いていたのだろうと想像できるわけです。

それと同時に筆というのはまた、刷毛《はけ》のように柔らかいタッチを持っていますから、書いていくときのその触覚が書く者の心をなだめていく、今風に言えば癒《いや》す営みをも同時にもたらしています。

生きていてほしいと願っていた我が子とその妻と、幼い孫の屍体がまさに掘り起こされる、その瞬間を現実のものとして受けとめなければならないというときに、人間はどういう行動がとれるか考えると、書をするというのは一番賢明な方法ではないかなと思います。

そしてまた、想像をたくましくすれば、現代の子どもたちが精神の制御不全に陥り、すぐにカッターナイフで人や動物などを切り裂こうとするのは、戦いと癒しの力を同時に持つペン＝筆記具が活《い》き活きと働く姿を日常生活の中に失っているからではないかと憂慮するのです。

書いてこそ日本語、それも縦に書いてこそ

日本語の文は本来は縦に書くもので、この「縦書き」の歴史はすでに二千年以上に及んでいます。最も早ければ、紀元前二〇〇年ごろでしょうか、大陸から無文字社会の弧島にもたらされた漢字・漢文はもちろん「縦書き」でした。その後、平安中期に漢字・片仮名・平仮名からなる日本語が成立してからも、ずっと「縦書き」でした。

とりわけ、平仮名（女手）は縦に続けて書ける段階に至った仮名文字で、文字が連綿と縦につながっていく優美な書法を生みました。いまも平安時代の和歌や江戸時代の俳諧を毛筆で書くときには、この続け字の書法が用いられています。そのほうが和歌や俳諧の小宇宙を表現するのにふさわしいからです。

ところが、現在、私たちの周囲では「横書き」がひじょうな勢いで増え続けています。パソコン上の文字や携帯電話のメールは横に綴《つづ》られますし、さらには学校の教科書ですら、国語を除けば社会科までもが横組みです。書物や新聞では依然として「縦組み」が守られています。新聞が「縦組み」になっているのは、いまや日本と台湾だけという有様《ありさま》で、中国や韓国も新聞はすでに「横組み」と化しています。その意味では、現在は東アジアでも「横書き」が優勢になりつつある時代です。

中国語の漢字は、一字が一語である単音節孤立字で、一字一字が独立していますから、書字上、縦にも横にも書くことが可能であり、横書きの弊害は平仮名を持つ日本語ほどではありません。また、韓国や朝鮮のハングルは、「書く」ことを通じて自然発生的に生まれた文字とは異なり、人為的につくられた記号のごとき文字であり、「書く」こととのっぴきならない関係を有しているわけではなく――それ故、筆記体がありません――横書きも許容範囲内とも考えられます。ところが日本の平仮名は、草書体の漢字をさらにくずす――むろん縦書きによって――ことによって生まれた文字ですから、横書きにはなじみません。

もちろん、「縦書き」でも「横書き」でも、文章の内容が理解できればどっちでもいいじゃないか、と考える人も多いでしょう。しかし、物を考えて、文章をつくる、という観点から見ると、そう簡単に結論づけられません。「縦書き」を「横書き」に変えれば、文字も、文そのものも、また文体も、つまり日本語のあり方が変わってしまうからです。

日本語の文字と文は「天」と「地」を持つ現実の世界を写しとる一つの表現として、天(上)から地(下)に向かって垂直に書かれるもの、すなわち縦に書くものとして生まれ、育ってきたもので、それを横に書くということは、ほとんど英語を縦書きにするのに等しいことです。「*I write laterally.*」を「I write laterally.」と筆記体で「縦書き」にすることは困難であり、異様です。日本語を「横書き」にすることの異様さは、基本的にはこれと同じです。

私自身、書をするときにしばしば実感することですが、文字を上から下へ縦に書いていくときは、ある一つの重さ＝天から地に働く重力がかかります。その重さに乗ったり、あるいはそれに耐えながら書いていきます。耐えるとは、たとえば漢字の「皿」字の最後の横画を書くところで、上からかかってくる重力をぐっと止めること。つまり、重力に従ったり、耐えたり、抗《あらが》ったり、あるいは重力を押し戻しながら書いていく——それが文字を書くということです。

絶えずその作業を続けていくところから、文字を縦に書いていくときには、自分自身からの自動漏出的な表出を止め、耐え、踏みとどまる力、すなわち「自省」や「自制」が生まれてきます。それが縦に文字を書き、文を綴っていくことの本質です。

つまり、書くということは考えること、思索することであり、本当に自分の全身体にひびかせ、これをくぐらせて発語することです。それは単なる思いつきや、よく知らないことや、信じてもいないことは書かないことを意味します。

また、言葉というものは本来、決してすべてを言い尽くすことができないものです。言い尽くしたと思っても、胸の内には必ず言い尽くせなかったという思いが残る。本当はこういうことを言いたかったのだけれど、それが十分には表現できなかったという思いが残る。したがって、本当は文字や言葉などないほうがいいのかもしれないとさえ思うことがあります。思っていること、考えていることが、逐一言葉に代えなくてもそのまま相手に直接伝われればそれに越したことはありませんが、そのような「テレパシー」などということはありえないので、仕方なく言葉というこの不十分なものを使っているわけです。思っていることはいつも言葉では十分には言い尽くせない。書くということは、そういう言い尽くせぬ思いに耐えながら言葉を紡ぎ出していくということであり、そこにはやはり「自省」するという力が働きます。

このように考えてくると、「書いてこそ日本語」それも「縦に書いてこそ日本語」と主張せざるをえません。

書くことが「自省」と「自制」を生む

ワープロやパソコンで文を「横向き」に書く――かつては「蟹行文《かいこう》」という語がありました――、あるいは携帯電話でメールを打つ場合は、「天」と「地」という上下の関係と重力を意識する必要はなくなります。言葉はまるで川の水の流れのように、横にさらさらと流れていくだけです。もちろん、それでも考えながら書いてはいるのですが、そこに天からの重力は存在しませんから、耐える力も、踏みとどまる力も生まれず、「自省」や「自制」の力が働く余地は少なくなります。したがって、「横書き」の言葉は、話し言葉に近い、手応《ごた》えの薄い言葉にならざるをえません。

小学六年生の女子児童がクラスメートの首にカッターナイフで斬りつけて殺害した、長崎県佐世保市で起きた事件で、あの少女たちがパソコン上でのチャットではなく、実際に手を使って書いた手紙の交換をしていたとしたら、あんな悲惨な結果にはならなかったことでしょう。

少女が「○○さん、私のことをあんなふうに言うなんて、許せない」と手紙に書くとします。自分の怒りをぶちまけ、ときには「死ね」と書いたり、「殺してやる」と書き始めるかもしれません。しかし、その文字の一点一画を順に力を込め、また力をゆるめつつ紙の上に書き進んでいるとき、こんなことを書いていいんだろうかという自省が必ず働きます。書いている間に、これまで培《つちか》ってきた相手との友達関係のことも思い浮かぶでしょうし、こんなことを言ったら彼女が苦しむだろうという想像力や、人間としての思い遣《や》りの念も働くことでしょう。

パソコンでは「ユルセナイ」は五回、「yurusenai」なら九回キーに触れるにすぎませんが、書く際には、「許」で十一画、「せ」で三筆、「な」で四筆、「い」で二筆、合計二十単位について、一つの点画の起筆に始まり、送筆、終筆へと至り、またその送筆部分でも、縦、横、回転、そりなど複雑で厖大なアナログ運動が必要です。この厖大なアナログ運動こそが、創造と自省に深く関わっています。創造は制御とともにあります。抑制なき創造はありえません。

ところが、天と地がなくなり、重力を失った「横打ち」のパソコン、インターネットの世界では、どんな言葉も迷いのプロセスや抑制の契機を経ることなく相手に届けることができてしまいます。「おまえを殺す」と紙の上に手書きで書けば、自分ながらおぞましい感じがして背筋がぞっとするはずなのに、パソコン上のチャットだとその場の「ノリ」だけで平気で言えてしまう。要するに、喚《わめ》き散らすような話し言葉を相手に通信することができるわけです。

ワープロやパソコンで文字の読みを入力するのがキーボードであるという点は見落とせません。キーボードが音楽の世界でも使われているように、キーは打ち続けている間に次第に打つリズムが出てきます。つまり、パソコンに向かっている人間は、モニター画面に現われる自分の言葉に興奮して、過激な表現がますますエスカレートしていくのです。ブレーキがかかるどころか、逆に自分が悪いことをしているという感じすらなくなってくる――。そういう不幸で歪んだ言葉のやりとりの末に、さほど深刻でもなかった憎悪がどんどん膨張して、本気で憎悪しているような錯覚にひたって生じたのが、あの佐世保の少女の事件だったと思われます。

消費社会に対応した被害者救済思想

近年、事件が起きるたびに、被害者の人権や補償問題にとどまらず、「加害者を厳罰に」

という主張が強まっています。しかし、この思想にはどこかなじめないものを感じます。親殺しや子殺し、集団自殺など、かつての枠組から言えば、「理由なき犯罪」の多発する現在は、加害者もまた時代の閉塞感に窒息させられかけている被害者であり、したがって、被害者と加害者がやすやすと入れ替わりうるような、苛烈な時代状況下にあります。

「善人なほもて往生《おうじょう》をとぐ、いはんや悪人をや」――「機」がないから人を殺さずに済んでいるが、「機」があれば、誰もが人を殺せるのだという、逆説に富んだ親鸞《しんらん》の根源的な思想を持ち出すまでもなく、被害者と加害者は容易に入れ替わるような時代に至っています。被害者の縁者が「うちの子に何の罪もない」と言い、またマスコミは「罪のない市民」などと称しますが、「何の罪もない」市民が、ある条件下で加害者と化す、その事態が何から来るかを明らかにすべきでしょう。

近年、犯罪者や被害者が若年化し、また不可解な事件が多くなっているならば、少なくとも状況証拠としては、情報化という名の通信社会化（パソコン、ケータイ、インターネット）がそれらの犯罪増の原因であると指摘することが可能です。行き過ぎた市場化と行き過ぎた通信化が、現在の犯罪を誘発する元凶であることは間違いありません。

じかに話し、じかに書く

「書く」ことを重んじ、書字中心で発展してきた日本語には「手」にちなんだ語彙《ごい》や表現がたくさんあります。たとえば、「語り手」「聞き手」「書き手」「読み手」「売り手」「買い手」。さらには「手塩《てしお》にかける」「手際《てぎわ》がいい」「手触《てざわ》り」「手心《てごころ》を加える」……。

ここで注目したいのは、これらの語彙や表現の多くが「手」を人間そのものと見なしている点です。そして、言葉はその「手」によって「書かれる」ものです。つまり、「語り手」や「聞き手」という語彙でさえ、「文字を書く手」が人間存在の比喩になっています。ロダンや高村光太郎《たかむらこうたろう》の、見る者を魅《ひ》きつけ、勇気づける「手」の彫刻を思い浮かべてみてください。彼らの作品に魅かれるのは「手」がまさに人間そのものを象徴する力強い表現になっているからです。

このことから、言葉とは手であり、触覚であるということが理解できます。人との「触れ合い」という言葉があるように、他者との関係は触覚を最も基本的な感覚としていますが、言葉もまた触覚ときわめて密接な関係にあります。他者との関係において一番大切なのは「手触り」であり、文字を書く、文を書くという行為の眼目は、その「手触りのある言葉」にあります。

パソコン上のチャットや「横書き」の日本語からは、「手触りのある」言葉は生まれません。ケータイのメールもまた然《しか》りです。

私たちはやはり、言葉は「じかに話し、じかに書く」という原点に、もう一度立ち返るべきです。ビジネスなどの分野でワープロやパソコンの機能と利便性を利用することは、必要でしょう。機械に使われることなく、うまく「使いこなして」いけばいいのです。

しかし、それ以外の局面——たとえば人間と人間が生活の中で言葉をやりとりする、あるいは表現をする、あるいは子どもたちが言葉を覚え、それを自らのものにして表現力を蓄《たくわ》え、そして人間として生きていく、というような生活や教育や表現の局面においては、人間と人間の間に介在する機械の機会はむしろ減らして、「じかに話し、じかに書く」ことに立脚した言葉の交通を促《うなが》していくべきです。

書き言葉だけが信頼できる

もう一つ、別の観点からも、日本語の「縦書き」はこれからも守っていくべきものです。というのは、日本を含む東アジアでは「縦書き」が宗教の代わりをしているからです。

東アジアにおいては、秦の始皇帝が従来の古代神話的・宗教的文字に代えて、世俗的な字画文字（漢字）を制定したときに、古代からの宗教は失われ、またその後、本格的な宗教も生まれませんでした。いや、日本にも宗教はある、事実、お寺や神社がいっぱいあるじゃないかと言う人もいるかもしれませんが、子どもが生まれれば神社に出かけてお宮参りをして、その子どもが結婚するときは教会で式を挙げる。そして、死ねば仏教で葬式を行なう。それが多くの日本人です。「鰯《いわし》の頭も信心から」と言うかと思えば、「神も仏もあるものか」とうそぶき、また「苦しいときの神頼み」とも言う。それが日本人です。これを多神教と言う人もありますが、むしろ無宗教と考えるほうが自然です。

しかし、東アジアでは古代宗教を失うことと引き換えに誕生した漢字（篆書体《てんしょたい》）により、書字中心の言葉が成立し、それ以来、文字を「縦に」書くことが宗教を代替《だいたい》することになりました。すなわち、天から地に向かって書く縦書きが、「天地神明に誓う」という表現を生み、それが「嘘《うそ》はつかない」「省《かえり》みて恥ずかしくないことをする」「約束を守る」

という内実を形成しています。西欧においては宗教＝神が担っている機能を東アジアでは縦書きが代行しているのです。

日本人はおそらく、これからも西欧や中東の神のような信仰対象を持たず、無宗教であり続けることでしょうが、しかし言葉が健全なものであり続けるためには自省や内省が必要です。その意味からも、東アジアの無宗教的な社会においては「縦書き」を守ることが必要であると言えます。

古代がいまも残る「印鑑制度」

秦の「始皇帝」とは、神（天帝）は天から消えて地上に降り、皇帝がその代わりになった初代、という意味で、このときに始皇帝自らのものをつくると同時に各地の王にも印を与える印璽《いんじ》制度を整備しました。

皇帝のものは四寸角の印に「受命于天既寿永昌」の八字を彫ったもので、「璽《じ》」と呼びました。日本でも天皇の署名捺印である〝御名御璽《ぎょめいぎょじ》〟の「璽」は、これにもとづくものです。その後、諸侯・丞相《じょうしょう》（首相）・将軍等の印は「章《しょう》」と呼んで区別するようになりました。また、「印」は「璽」「章」以外を指《さ》すようになって「印章」という総称が生まれました。

日本に印章が伝わったのは、現在知られるところでは「漢委奴国王」印が最古。奈良時代になると、唐の制度をまねて各役職の印が制度化されました。

このように、いまある日本の印鑑制度というのは、秦の始皇帝がつくり出したものです。

私は、ときおり筆跡鑑定を依頼されることがあり、鑑定書の内容について、裁判所での尋問が行なわれます。このとき、近年は控室で済ます例もありますが、裁判官の前でまず宣誓書にサインをして、さらに印判を押します。目の前に本人がいて、生年月日、職業を告げて、それにサインしていれば、これ以上の確認はないはずですが、それにもかかわらず、さらに押印《おういん》しなければなりません。驚くべきことに、この印は役所の地下の売店か近くの文房具店で買った三文判《さんもんばん》でもよいのです。

これは、眼前の人よりも、印のほうが信憑性が高いという思想にもとづいています。秦の始皇帝の印璽制度以来、印はお上《かみ》より賜《たまわ》るもので、お上の体制の中での自らの役職を証明するものでした。私印といえどもこの思想をひきずっており、現在でも実印は国家に登録されており、国家による証明書（印鑑証明書）とともに効力を発します。つまり重要な契約で、実印による押印と印鑑証明書の添付が義務づけられるということは、国民一人ひとりは、国家によるお墨付きによってはじめて国家の臣民として存在していることを意味しています。

東アジア的な印鑑制度がなくなり、西欧的なサイン制度と化さない限り、本当の意味での市民社会は遠いのですが、印の古代性と、現代に残るこの奇習に気づいている人は少ないようです。

暴走する話し言葉

これまで見てきたように、日本では「横書き」が横行し、さらにはケータイの急激な普及で、書き言葉よりもむしろ話し言葉のほうが優勢になりつつあります。ケータイの使われ方を見ていると、話し言葉はすでに暴走を始めています。

それは、たとえば英語教育の現場などにも言えます。「話せればいい」という軽薄な風潮が教える側にも教わる側にも蔓延しているようです。英語という一つの文化の結晶たる言語を単なるツール、海外旅行のときに便利な単なる道具のようにしか思わない考え方で、それでは、口先だけの英語の習得がせいぜいでしょう。

学校教育の現場では、現代の若者たちの言葉の貧しさを何とかしなければということで、「自己表現演習」や「ディベート」がマニュアルとして持ち込まれたこともありますが、これも日本の文部科学省や教師の側の甘い錯覚にすぎません。このような教育では若者たちに豊かな表現力を身につけさせることはとても不可能であるどころか、さらに言葉の貧しさを助長するばかりです。

そもそも、あのディベートなるものは、いったい何なのでしょう。あるテーマを決め、実際の信条や思想とは関わりなく、一つのグループが「反対」の理論を構築してそれを展開し、他のグループが「賛成」論を展開して、お互いに議論し合うというルールのゲームのようですが、話し言葉上の、信じてもいない議論のための議論にいったいどんな教育効果があるのでしょうか。ただただ口先のうまい、詐欺師のような人間を大勢つくり出すだけで、言葉の力をいっそう弱めるばかりではないでしょうか。

かつてオウム真理教の広報部長としてマスコミに盛んに登場した上祐史浩《じょうゆうふみひろ》氏は、マスコミからどんなに攻撃されても種々言を弄《ろう》し、「ああ言えば上祐」などと言われたものでした。じつは彼が話していたのは口先だけの言葉で、何もかも嘘だったということはいまではすっかり明らかになっています。

しかし、迷える若者たちは、いまも何か信頼するに足るものを求めて、空虚な言葉に満ち溢《あふ》れている「横書き」と、埒《らち》もないおしゃべりの世界をうろうろと彷徨《さまよ》っています。否、彷徨わされていると言うほうが正確です。暴走する話し言葉は、そういう若者たちを獲物《えもの》とするいかがわしい新宗教をまたしても誕生させるという危険すら孕《はら》んでいます。

話し言葉であれ、書き言葉であれ、大切なのは言を弄する術ではなく、本当に信じることを責任をもって発言する術、つまり嘘をつかない術であるはずです。ディベートはかつての雄弁術同様に、嘘をつく術の教育にほかなりません。

校正ということ

いまの日本には、あまりにも無責任な言葉が飛び交《か》っています。テレビやインターネットは、その代表的なものです。たとえば出版物には、「校正」というひじょうに大事なプロセスが不可欠です。新聞を含めた出版物には、校閲《こうえつ》や校正部門があります。これは、文字をはじめ、文章に間違いはないか、また事実誤認はないかというチェックを通じて、社会的に通行させる資格を附与するためのものです。出版の側だけでなく、著作側の「書く」という行為そのものにも自制が働き、校正という機能がすでにして組み込まれてもいます。

それ故《ゆえ》に出版物には、信頼性があるわけで、「校正」が重視される社会では、話し言葉にもそれなりの信頼性が生まれてきます。しかし、現代の話し言葉を見ると、もはや信頼性があるとは言えません。たとえばテレビでは、しょっちゅう文字情報の誤記や誤報、言い損《そこ》ないのお詫《わ》び、訂正をしている有様で、基本的には校正なしの垂《た》れ流しです。こうしたシーンを見慣れている子どもたちが、「間違っても、悪いことではないんだな。ペコリと一つ頭を下げればすむことなんだな」と思い込んだとしても責めることはできません。

私が子どもの頃は、事実かどうかは解りませんが、ＮＨＫのアナウンサーは一言《ひとこと》言い間違えたら左遷されると、聞かされた覚えがあります。現在のように、誤りがとがめられずにいい加減になっている社会は、決して健全ではありません。

社会的な信頼感ということで言えば、インターネットは、その対極にあるものです。ネット上の情報なるものは、ほとんどが恣意《しい》的なもので信頼するに足る情報は期待できません。私は覗《のぞ》いたことはありませんが、いわゆる「2ちゃんねる」に代表される掲示板における言葉の暴走は、目に余るという以上におぞましいもののようです。

ところで「校正」という言葉は、律令国家・日本をつくるための奈良時代の国を挙《あ》げての識字運動である、経典を書き写す、写経からきています。当時、写経にたずさわる専門家には「写経生《しゃきょうせい》」「校生《こうせい》」「装潢生《そうこうせい》」の三種類があり、校正を担当するのが「校生」でした。彼らは給料をもらって雇《やと》われていたわけですが、責任はひじょうに厳《きび》しいもので、たとえば「写経生」は、間違いがあると一字につきいくらとペナルティを支払わされていました。ちなみに「装潢生」は、いわば製本を担当していた表具師《ひょうぐし》。表具師を経師屋《きょうじや》と呼ぶのは、じつはこの写経からきています。

「直接—間接」の二重性が言葉を生んだ

　この章では日本語の特徴について述べてきましたが、最後に言葉について少し触れておきます。

　言葉は、一般には合図のようなものから生まれたとされています。たとえば鳴き声とともに鳥が一斉《いっせい》に飛び立つ、あるいは太鼓の音で通信する。そうしたものが言葉の原点だというわけですが、私は少し違うと考えています。人間にとって手はひじょうに重要な器官ですが、この手から言葉は生まれたと考えられます。

　より具体的に言うならば、直接と間接の手の触覚の二重性です。たとえば木の幹《みき》を棒で触《さわ》ると、当然、固い、ざらざらとした、あるいはごつごつとしたという感触を得ます。しかし、じかに触ると前者とは異なった柔らかさや温かさを受け取り、両者間に矛盾《むじゅん》が生じます。

　いま、触れている物は同じであるはずなのに、音も硬さも温度も異なるのはなぜだろうか、と。この矛盾に対する疑問が言葉を生んだと考えられます。したがって、言葉は必ず「なぜだろう」という「？（疑問符）」を含んでいます。言葉を覚えるのが旺盛《おうせい》な時期の子どもが、周囲のあらゆる事象に「なぜ？」と訊ねるのはそのためです。

言葉の成立には、「直—間」の二重性の矛盾が根底にあります。海水は、手で触ると冷たく、つかみようがなく、重量がわからず、流動します。ところが、棒を使って海の水を叩いてみる。すると冷たくはなく、重くもある。そうした触覚の二重性と、それに対する疑問が「う？」という言葉を生んだということです。

言葉は、矛盾から成り立っています。「好き」という言葉には「嫌い」の意味が含まれ、逆もまた真です。「嫌い嫌いも好きのうち」というのは、まさにそれです。すべての存在は矛盾の中にこそ存在します。私たちは、常に「死につつある」からこそ「生きている」わけで、生は同時に死でもあります。この矛盾に支えられて言葉の宇宙ができているのです。

猿は人間と同じように木に触ったとしても触覚の二重性はありません。ただ木は柔らかいもの、温かいものとして感じるだけです。それゆえ猿には言葉が生まれることはありません。

言葉が失われていけば、当然触覚の二重性も薄れ、一元的な感性しか持てなくなり、また二重性を持つ触覚がなくなることで言葉が失われていくことになります。

言葉の背後にある沈黙

もう一つ、言葉は背後にひじょうに大きな沈黙部分を持つことに触れておきます。

たとえば、何かの文章を書くとき、書きたいことがどうしても言葉にならない、書いてはみても何か本当に言いたいこととは違っている、という経験はたくさんあります。これは単に文章がうまい下手ではなく、プロの物書きにも起きることです。

つまり誰であっても、またどんな場合でも、一〇〇パーセント十全に言い尽くすということはありません。ということは、書いたその背後に言い尽くせなかった厖大な部分があるということです。言葉とは、もともとそういう厖大な沈黙部を有しているもので、紡ぎ出された言葉はしょせん氷山の一角にすぎません。

書についても、書物についても、書評を頼まれることがありますが、書評の最も難しいのは、作者が書き表わした背後に隠れた沈黙部をどこまで読み切れるかという点に尽きます。これは書いた本人にもハッキリとはわからない部分なのですから、難しいのは当然のことです。

話し言葉も同じで、本来、言葉というものは、そんなに簡単に出てくるものではありません。出《だ》そうか、出すまいかと逡巡《しゅんじゅん》し、出《で》そうになって唇が震えながら、まだとどまるということもあります。これがすなわち吃音《きつおん》で、震えつつ生み出されることこそが言葉の本質なのです。書くことも同じで、「書く」という行為は微動で構成されています。すなわち震えが「話す」こと、「書く」ことの基本です。

言うまでもなく、ワープロやパソコンに震えはなく、またチャットに吃音はありません。当然のことに、背後の厖大な沈黙も少なくなっています。つまりは真のコミュニケーションのない、データのやりとりにすぎないわけで、こうした現代商品は言葉の根源そのものを、日々破壊しつつあります。

日本民族という言葉はあまり聞かれなくなりましたが、もとより「民族」などはありません。日本国籍を有するのが日本人、という定義は、文化的には、十分ではありません。日本人を日々再生しているのは、日本語であり、日本語に蓄積した文体（スタイル）です。日本人とは、日本語の別名にほかならないのです。

第三章

「縦書き」こそが精神を救う

縦書きをなくそうとした占領軍

私たちの周囲には横書きが氾濫《はんらん》しています。学校で配るさまざまなプリント類は、ほとんどが横書きであり、会社などの書類もそうです。縦書きは、学校では卒業証書、会社では人事異動の発表など、ごく限られたものにしか残っていない有様《ありさま》です。

縦書きを古いもの、不自由な書法として、横書きが文化的な進化だと主張する学者がいます。

しかし、これだけ日常生活の中に横書きが増えているにもかかわらず、新聞や雑誌の多くは、いまでも縦組みというスタイルを守り通しています。最近、一部で横組みの実験小説もありますが、書籍も、大勢はやはり縦組みです。また、意外に思われるかもしれませんが、マンガや劇画のコマの流れは、縦にコマが流れ、右から左へと進んでいく縦書きに従っています。ヨーロッパやアメリカのマンガは左から右へ横に流れていきます。意外にこうしたところにも縦書きが残っています。

戦後、アメリカは日本の政治風土と社会を変革するために不戦憲法をつくり、さらに農地解放や財閥解体を進めました。これらはじつに「革命」と言ってもいい政策で、日本人だけでは決して成しえなかったこれらの政策の恩恵は計り知れないと言っていいでしょう。これら政治や経済では、すぐれた政策を展開しえた米占領軍も、東アジアと西欧間での言葉の構造の違いを深く理解していなかったことから、文化政策を間違え、漢字の使用や縦書きを旧時代の遺制ととらえ、その廃止を試みました。漢字は複雑な効率の悪い民衆からかけ離れた文字で、権力者の封建思想の温床となっているから、これを廃すべしというのが、アメリカ占領軍の認識だった（近代日本の表音主義国語学者の認識でもあった）わけです。

しかし、当然のことながら、漢語なくして日本語はありえません。漢字がなければ新しい憲法も表現できませんから、漢字廃止は、不可能でしたが、横書き化を進めようとしました。

横書きの卒業証書も生まれました。実際、私が小学校を卒業したときの証書は横組みの活字印刷のなんともお粗末なものでした。昭和三十二年のことですが、新しく赴任した校長が戦後の文化政策に従って、横書き化を進めたからです。

また戦後間もなく、読売新聞の組合が横組みを提案、テスト版をつくったこともあったようですが、結局、実施には至らず、いまでは横書き題字にその面影をとどめています。

新聞や書籍、雑誌以外でも縦組み、縦書きが残っているものに芝居の台本があります。映画のシナリオもほとんどが縦組み、縦書きです。横組みの台本では日本語の台詞《せりふ》の発声がうまくできないからです。

これらの事実は、日本語と縦書きの間の切り離せない関係を物語っています。

丸文字とシャープ文字

日本語、なかでも平仮名は横に書くようにつくられていません。たとえば「あ」や「お」という字の形を見ると、上部では、アンテナを立てるように上からくる字を「十」字形で受けようとしているとともに、下部では、「の」形で下にくる次の字につながろうとしていることがわかります。これを横に書こうとすると奇妙なことが生じてきます。

たとえば「あいうえお」と横に書くと、まず「あ」の最後の回転部分は半分程度の回転で端折《はしょ》られてしまい、「う」の回転も寸づまりの形にならざるをえません。「お」や「か」の肩に打たれるべき点は母体部分に交わるように打たれるという現象も起きてきます。い

縦書きのときのペンの動き

横書き（丸文字）におけるペンの動き

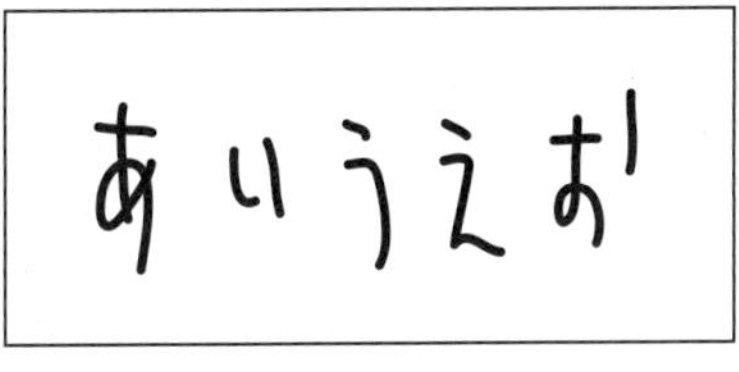

シャープ文字の一例。細身で縦画が垂直。横書きによる文字の変形を抑止する「本能」が生んだ？

ま、「お」を「お」というふうに書くのは、若い世代だけではなくなりつつあります。横書きになると、文字は横につながろうとするのですから、当然のことです。こうして見ると、この字体は、ひところ丸文字と言われていた若い人たちの文字にそっくりです。

若い世代では、いわゆる丸文字は衰退してきていますが、代わって登場してきたのが細身の角張った文字で、私はこれを「シャープ文字」と名づけています。

シャープ文字が生まれた背景には、奇妙な筆記具の持ち方があります。第一章でも触れましたが、いま子どもたちは、ほとんどが従来（普通）の筆記具の持ち方ができなくなっています。人差し指の上に親指を乗せるようにして握る、逆に人差し指の下に親指をもぐりこませて握る、あるいは人差し指と中指の上に親指を乗せて握るといった具合です。

もちろん、人差し指と親指で軽く筆記具を握り、中指以下で下から支えるというのが、標準とすべき持ち方です。しかし現在では小学生から大学生までのほぼ八〇パーセントが、この基本的な持ち方ができないという哀しい現実があります。

そして、もう一つの特徴は筆記具をほぼ垂直に立てることです。

これは立てないとシャープペンシルの芯《しん》がすぐ折れてしまい、またボールペンは角度を

鉛筆の奇妙な持ち方三態。
寝かせずに立てるのはシャープペンシル使用のためか――。

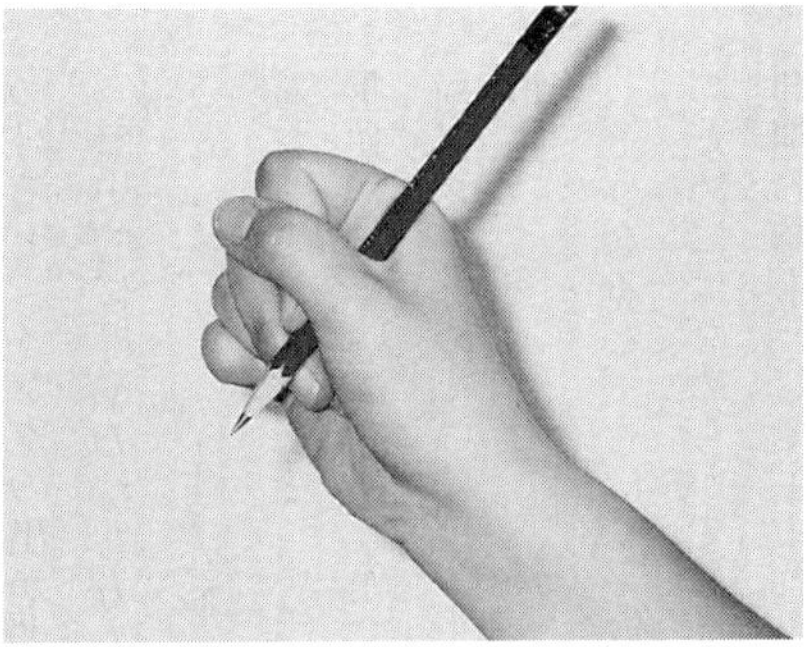

①人指し指の上に親指を乗せて握る

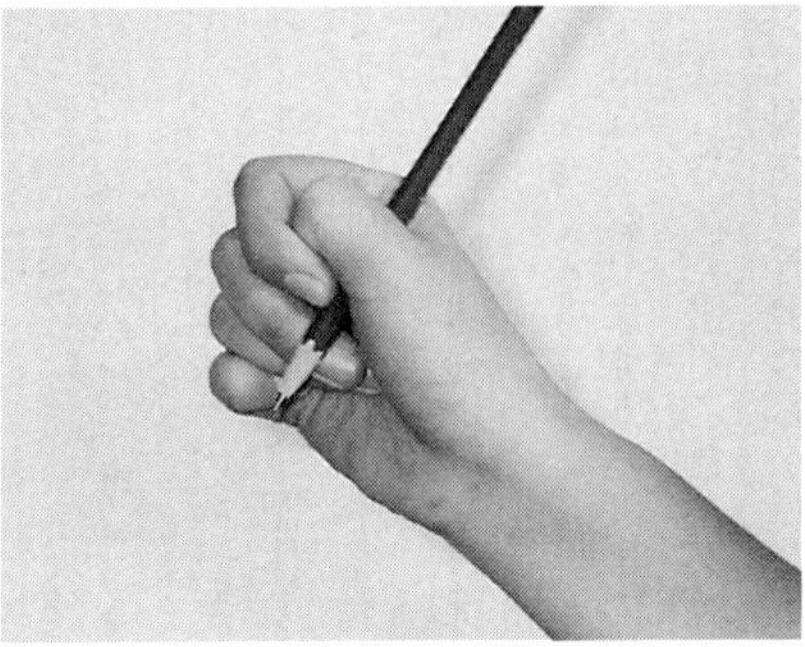

②人指し指の下に親指をもぐりこませて握る

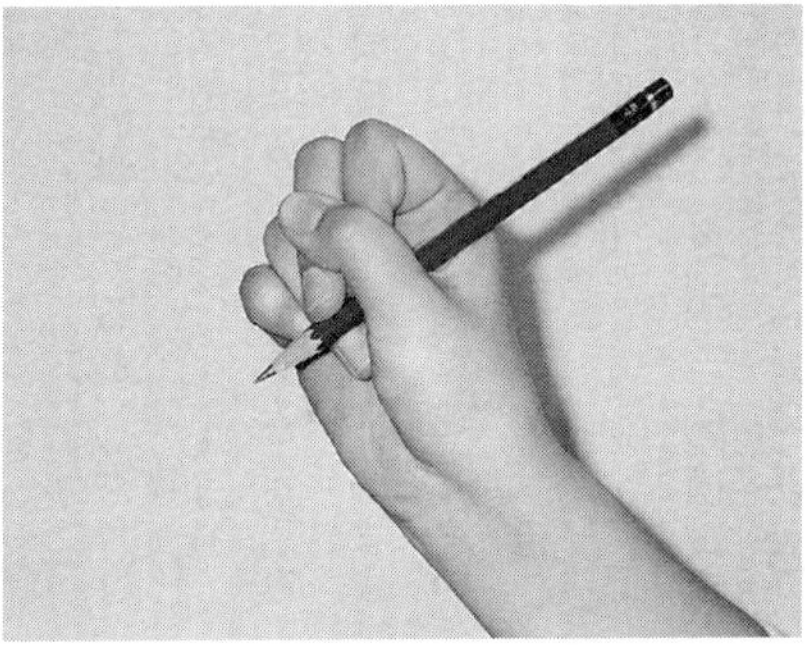

③人指し指と中指の上に親指を乗せて握る

つけると、インクの出が悪くなるからです。

歴史的に標準の持ち方で、実際になめらかに「あいうえお」を横書きすると、「あ」は「」や「」のような形になり、「う」は「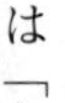」や「」のような形になろうとします。横に書こうとすると、ちょうどアルファベットの筆記体のように「」のような左回転の運動、あるいは逆に「」のような右回転の運動が連続する結果です。つまり、このまま横書きを進めていけば、平仮名は筆記体アルファベット形のように大きく変形してしまいます。

そうなると、もはや平仮名ではなくなりますから、この事態は避けねばなりません。そのためにはなめらかではなく、ぎこちなく書くことが必要になります。意識下での横書き抑制の結果として生まれたのが、現在の若者のおかしな筆記具の持ち方です。現行以上に変形すると判読不能になり、文字としての機能が果たせなくなります。そのことを無意識のうちに感じ取り、横への連続を不自然な方法で絶《た》とうとしている書体がシャープ文字というわけです。

混乱を極《きわ》める封筒の表書き

無理な横書き横行の中で苦闘しているのは、若者たちの文字だけではありません。なんとも無様《ぶざま》な混乱状態を呈している代表的な例に封筒の表記様式があります。いまでは横書き用便箋《びんせん》もでき、企業や団体から送られてくる手紙は、横書き全盛です。また私信でも、横書きの手紙が増えています。

横書きの場合、当然封筒の表記も横書きになりますが、郵送されてくるそれらの郵便物を見ると、ときに呆然としてしまいます。具体的には（1）～（4）のような例が入り混じり、まさに混乱状態です。

（1）は発信者名が左上にある例で、切手の位置は右上です。これは欧米式の表記でスタイルとして安定しており、この書式が最適ですが、なにゆえか日本の横書き封書にはほとんど見かけません。

日本で一番多いのは、宛名を上に書き、発信者を下に書くというスタイルで、下に書く発信者の位置は、ときに左下であったり（2）、右下であったり（3）、あるいは中央であったり（4）と、じつにさまざまです。また同じスタイルであっても、切手を貼る位置は左上、左下、あるいは右上と、これもまた右往左往《うおうさおう》しています。

このような混乱が生じているのは、横書きが日本語としては定着しておらず、据わりが悪く、また、横書きをしながらも日本語では縦書きの空間意識を抜けられないからです。

横書きであるにもかかわらず、宛名を上に書き、発信者名を下に書くのは、すなわち上部が天、下部が地という認識があるためです。つまり、相手に敬意を示して宛名を上に書き、謙譲の気持ちから発信者を下に書くのです。

欧米においても、当然、天地の意識はありますが、天は時間的な始まりとして意識され、地は時間的な終わりとして意識されています。つまりは発信者＝最初の発言者、受信者は時間的に後に位置するものとして認識されているということになります。

もう一つ、切手や郵便番号の位置も縦書きの空間意識に影響されています。（2）と（3）の例は表書きに対して郵便番号と切手の位置が逆ですが、しかし意識としてはともに郵便番号のある側を天としています。つまり横位置にしたときの天地と、縦位置にしたときの天地という二つの天地が二重に重なっているのです。

その結果、通常なら右側を切って開封するべきものを、（3）の場合は左側を切って開

封筒の表記——宛名と発信者名、切手の位置の混乱

(1)

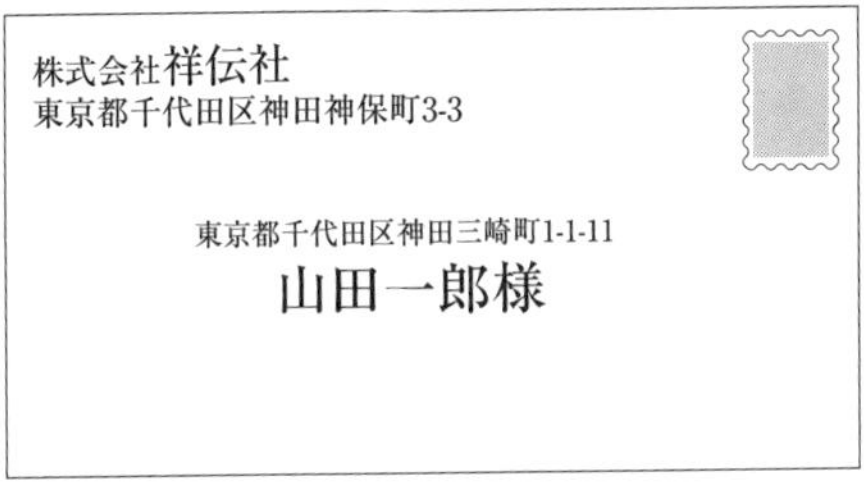

(2)

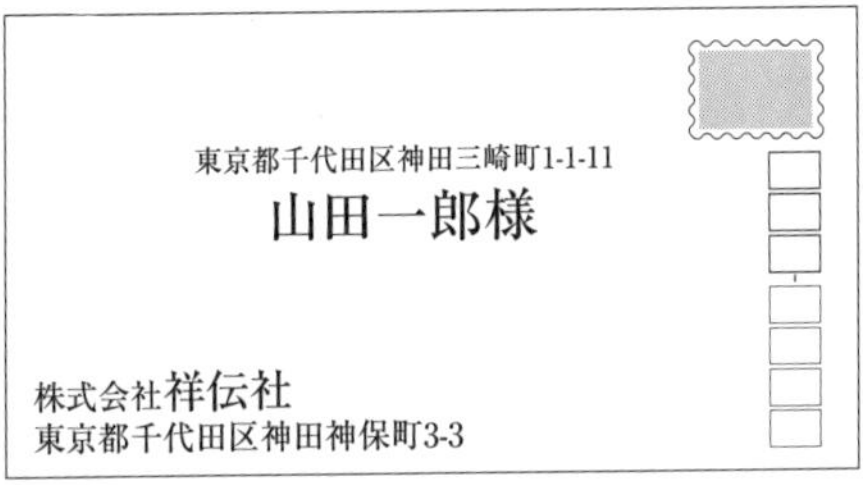

(3)

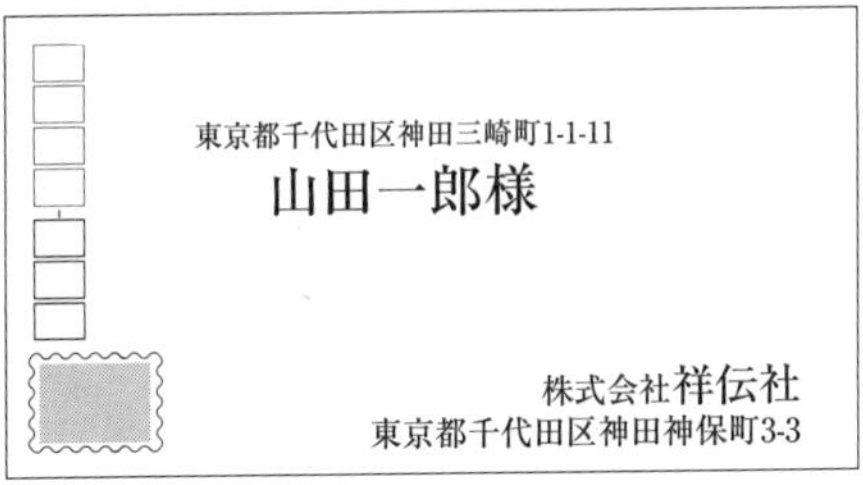

(4)

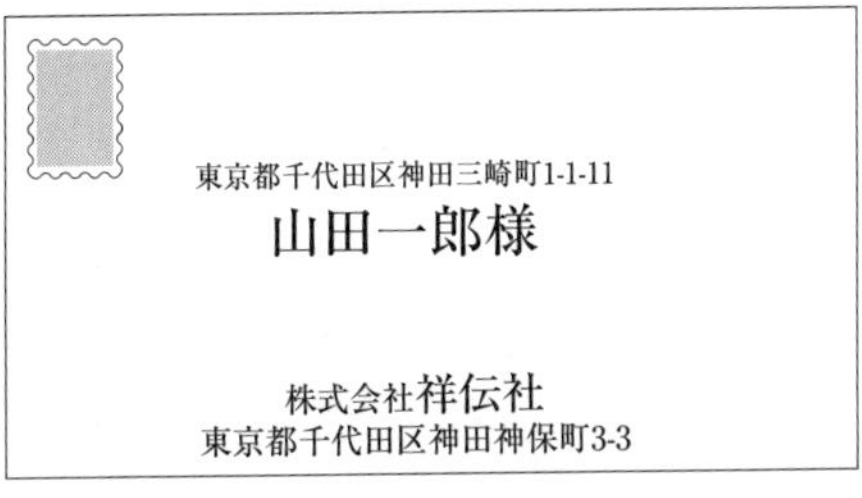

封するという、いささか日本人の日常動作とはなじまない形になってしまいます。さらに郵便番号の位置を天とするなら、(2)の場合、左側すなわち地から天に向かって文字が連ねられるというおかしな結果をも招きます。

こうして見ると、横書き封筒書式は混乱の極《きわ》みというしかありませんが、いかに横書きにしようとも拭《ぬぐ》い切れない日本語の縦書き意識が、「無理なことはやめて、早く縦書きに戻しなさい」と囁《ささや》いているように思えます。

このようななんら統一性のない封書書法に、日本のグラフィック・デザイナーや日本人はなぜ寛容なのか、私はとても不思議です。それともこのような「整斉《せいせい》の美」と「統一」に関わる意識は、現代においては不要とでも言うのでしょうか。

増えてきた異常レイアウト

これも関連して、近年気がかりな封筒書きが目につきます。

かつては見かけることはなかった書法で、縦書きの際に、宛先住所と宛名を右側に極端に寄せ、また差出人名と住所は極端に左に寄せて小さな文字で書くのです。封筒の縁《ふち》をパソコン画面上の版面枠《わく》と同等とみなしているからでしょうが、中央に対する意識を欠き、周囲に余白がなく、住所・氏名が占《し》めるべき確かな位置を欠いたレイアウトは、とても不気味ですが、このレイアウトの手紙が近年急増しています。また、版面《はんづら》が拡大し、紙面近くにまで文字が及ぶデザインが増えています。紙面を睨《にら》みつつ、あれこれ想像しながらデザインするのではなく、モニター画面でデータ処理するにすぎないからでしょう。

さらにここには、余白つまり沈黙に対する強迫神経症が見てとれます。

興味深い実験結果

縦書きと横書きは単に書字の方向にとどまらず、できあがる文の内容さえ規定します。したがって縦書きと横書きは、単にどちらでもよいという問題ではありません。それを示す実験があります。

最初は私が教えている大学の学生たちに、縦書きと横書きの両方でという注文をつけて、「私の人生」というテーマで文章を書いてもらった結果、得られた文の冒頭部を二つ紹介してみましょう。

（縦）人生にターニングポイントがあって、私の人生の中でそれを一つ挙げるならば、正に今年の春からの、社会人として第一歩を踏み出す瞬間であろう。

（横）私の生き方のモットーは、後悔せず、人生を楽しむことである。一度きりしかない人生なのだから、多くの人と触れ合い、沢山の経験をして、常に先の方を見ながら、ポジティブに生きていきたいと思う。

（縦）私が今までの人生で出逢ったとても印象に残っている人物について書いてみたい。その人には、私が大学三年生の春出逢った。その人というのは、大学のゼミの先生である。彼女は、とても優秀で論文なども素晴らしいものを残しているということを私は聞いていた。

（横）私は、山梨県甲府市で生まれ、現在もここに住んでいる。大学卒業を目前に今までの22年間を振り返ると、当然のことであるが、ずっと学生であったので、学校へ通い、勉強や部活動に一生懸命になっていた。

どちらも女子学生の例ですが、全体的に縦書きでは「歴史や社会とともにある自分」という形の文体が多く、横書きでは「私」を中心にした文体になるという傾向が見て取れます。

これは縦書きが天からの重力を受けとめ、その重さと力を意識しながら、ときにはそれに乗ったり、あるいは持ちこたえたりしながら書き進んでいく、つまり社会や環境と対話せざるをえないことの結果であり、一方、横書きは天から降りそそぐ、重力の下を、ひたすら走り抜けるようにして書いていくことの結果です。

この実験に際して、縦書きと横書きのどちらが書きやすいかという質問にも答えてもらいましたが、その結果は私にとっても意外でした。

「縦書きの方が書きやすい」　二五名
「横書きの方が書きやすい」　四名
どちらとも記述なし　　　　四名

学生は横書きに慣れ切っている以上、「横書きが書きやすい」と答えるに違いない。三十三名中の一割、三〜四人くらい「縦書きの方が書きやすい」と答えるだろうか、との私の予想は完璧に裏切られたのです。社会や教育が横書きへと追い立ててはいるものの、若者は縦書きの必然をはっきりと自覚できるのです。

また「横書き」「縦書き」、それぞれについての感想も興味深いものでした。近年調査した大学では、次のような回答がありました。

「横では、〜です、〜ます調の文体だったが、縦では何となく、〜だった、〜と思う調の文体になった。内容も、横では感想文的な内容だったが、縦では、もう一歩先の論文のような、難しい内容のように感じた。あと、縦の方が文字が書きやすかった」（女子）

「横書きよりも縦書きの方が文字の流れがでるようで書きやすいと思った。内容も何となく縦書きの方がまじめなことになったような気がする」（女子）

「私は縦書きの方が、文章の内容も、自分の字の字体も書きやすかったです。普段は横書

きの方が、書く機会も多いが、新鮮さがあったのかなあと思います」（女子）

他に、「縦書きの方が書きやすかった」という学生の感想としては、「内容がまとまりやすい」「筆が進む」「まじめな文になる」「堅苦しい感じになる」「内容が深い」「頭の中にたくさん思いつく」「内容につまる」「文が短くなる」「手が汚れる」「縦はカタカナが少なくなる」「すらすら書ける」といった内容でした。

これとは逆に、横書きの利点としては、「手が汚れない」ことと、「カタカナとローマ数字が使いやすい」の二点に尽きました。官庁の企画書で明らかなように、片仮名語を、横書き（横打ち）が誘導しているのです。

縦書きは社会と自分との関係を意識する

若井勲夫《わかいいさお》教授（京都産業大学）も、担当の教室で同じような実験を試み、『日本の教育』（第四九九号）で次のような報告をしています。

①書く感覚・意識と態度については、

縦書きは重く、硬く、堅苦しい。窮屈で、まじめさや難しいイメージがある。……縦は変に畏《かしこ》まり、きちつと、きれいに書かうと意気込む。……縦は日本の言葉を書いてゐるといふ、しつとりとした感じで、落ち着き、新鮮で懐《なつ》かしい。

②文字の書き方については、

縦書きは文字が下に流れるやうで、見た目がよく、大きさも均等になる。また、文字がまとまり、調和し、きれいに並び、文字と文字につながりがある感じがする。

③文章の形式については、

縦書きは形式ばつた感じだが、フォーマルで文章が締《しま》り、きちつとまとまる。……縦は文章としての形式が整《ととの》ひ、構成の目配りをする。

④文体と内容については、

縦書きはである体になるが、横書きはです・ます体になりがちである。縦の文体は一定するが、横は途中で崩れる感じで、常体と敬体を混用することがある。……縦は内容が深く考へられ、しつかりした中身で、自分の気持をまとまつた形で伝へられる……。

以上を分析して若井教授は、縦書きは理論的で、大上段から筋道立てて考えているのに対して、横書きは経験的、具体的な題材が多く、身辺雑記的で、まとめようとしていない――と述べています。

さらに博報堂生活総合研究所の『生活新聞』(No. 395) にも縦書きと横書きに、さらに「パソ書き」(パソコン作文) という項目を加え、比較検討した報告が掲載されています。若い研究者が、私の調査報告に興味をもって、調査したのです。

それによれば、まず「書かれている内容の違い」として、

①縦書きは、社会と自分との関係を意識している。

②横書きは次々に心に浮かぶことをそのまま書き綴《つづ》っている。

③パソ書きは、決意とともに明るい展望、または具体的な目標が結びの部分で語られる。

と、それぞれの特徴を挙げています。また「文体、言い回しの違い」としては、次のような要素を指摘しています。

①縦書きは客観的。

②横書きは私的。

③パソ書きは、ちょっとエンターテイメント。

そしてパソ書きの特徴は、

①決意とともに明るい展望、または具体的な目標が語られる。

②前向きの明るいトーンになる。

③結びで「……」が多くなる。

いずれの報告も、縦書きと横書きは、単に書字方向の違いにとどまらず、文の内容にまで影響を及ぼすという論の妥当性を裏づけるものです。

博報堂生活総合研究所の報告の最後に「パソ書きは……で結ばれることが多い」とあるのも、おもしろい指摘です。

パソ書きとは、パソコンで書いたものですが、そこには何の重力も働かず、さらにまたキーボードを叩くという作業になるわけで、頭に浮かぶままに物事を書き記していくという形になります。書くというプロセスの中で十分に思考するということがありませんから、結びになっても、まとめられないままに未完「……」で終わることになるということも頷《うなず》けます。

日本語は縦に書くべし、縦に書いてこそ日本語という結論に至ります。

書くように話してこそ世界に通ずる

縦に書くということは単に書式の問題だけではなく、言葉の信頼性の根拠をつくる、いわゆる宗教性を孕《はら》むということでもあります。それ故、縦に書くのは重く、書くことが億《おっ》劫《くう》で、短い手紙もなかなか気軽には書けません。しかし、じつは、その重さと格闘しながら書くからこそ、文章がたしかな意味を持つのです。

それに対して横に書くことは気軽にできますが、話し言葉と同じで、思考の深さや言葉の信頼性には欠けるという特徴があります。

むろんパソコンを操作するということになると、これはもはや書くということとは異質の作文法になってきます。

にもかかわらず学校では、ＩＴ教育を導入し、教科書は国語以外すべて横書きという有様で、これでは子どもたちが本来の書く、読むことからますます逸脱していってしまいます。

もちろん、すべてを縦書きにせよというわけではありません。数式や記号の多い、算数や理科は横書きがいいでしょう。一般社会でも数式の多いような技術論文は同じです。加えて、口述を筆記するというときには、天からの重力を感じない横書きのほうがスピードも速いでしょうし、相手が話す内容を抵抗なく投影しやすいという利点もあります。

さらに、ブレーンストーミングでなんら制限なく発想を次々と展開させる、あるいは思いつくままにアイディアを書き留めていくというようなケースでは、横書きが適しています。

私は、以前、会社勤めをしていたことがありますが、そのときに、経営計画や企画書は縦書きにすべきだと思いました。いわゆる高度成長期で、ベースアップが三〇パーセントを超えた時代です。たとえばその年の売上が一五パーセント伸びたというと、あたかもそれが何年も続くという前提で経営計画を立てる。短期間で、倍、倍に業績が伸びてゆくなどというシミュレーションを平気でやるという状態でした。まあ、当時はどこの会社も同じような状態だったと思いますが、冷静に考えてみれば、物事が上昇の一途《いっと》ということはありえません。売上が上昇する年もあれば、下降する年もある。黒字の年もあれば、赤字の年もないわけではない――それが健全な経営の姿です。少なくとも私はそう考えたのですが、当時の経営者も社員も、計画を立てるとなると、奇想天外と思えるほど楽観的な右肩上がりの図を描くのです。事実、過大なベースアップと将来を見越しての大量採用の翌年は、利益が激減し、ベースアップゼロというおかしな結末を迎えました。

これも経営計画が横書きされるが故に出現する問題点です。

縦書きにしていれば、もう少し抑制が働くのですが、横書きになると、歯止めがきかず、どんどんと昂揚し、先走り、舞い上がってしまうのです。

そういう意味では行政でも諮問《しもん》委員会の答申等の類《たぐい》の文書は縦書きにすれば、かなり内容が変わってくると思います。政治で言えば、国会答弁で「人生いろいろ」とうそぶいていた小泉《こいずみ》元首相は、まさに横に話しているという感がありました。

書き言葉中心で、三つの文字、三つの語体、三つの文体を持つ日本語は、書くように話すというスタイルにならないと世界の言葉と釣り合いません。なぜなら、前にも書いたように西欧の言語は話すことで神とつながり、日本語は縦に書くことで神につながっているからです。日本語の場合の話す言葉は、神を欠き、加えて、平仮名語、平仮名話に傾斜しますから（漢字語、漢字話は、同音異義語が多くて音では通じにくく、かつ堅苦しくなるため、話し言葉ではあまり使われません）、どうしても不十分になり、勢いやその場限りという性質も含まれてきます。したがって西欧の話し言葉に対応するには、ていねいに書くように話すことが必要になるわけです。

たとえば葬儀のときの弔辞《ちようじ》などでも、そのことがよくわかります。最近は死者に話しかけるようなスタイルの弔辞が増えてきましたが、私自身の経験ではこの話しかける弔辞で心に染《し》みる例は少なく、やはり熟慮の上に書きあげたものを読み上げるスタイルの弔辞に心に残る例が多いようです。

北朝鮮から帰国した拉致被害者の曾我《そが》ひとみさんは、帰国当初、文にまとめたものを読み上げてコメントを発表していましたが、その場その場での思いつきの発言と違って、聞く側にきちんと真意が伝わってきました。その後は、書いたものを持たずに話すことが多くなったようですが、それでも一語一語、言葉を選ぶような話し方は、まさに書くように話すスタイルそのものです。

曾我さんは二十数年間を北朝鮮で暮らし、そのことによってここ二十数年間の日本社会の変化を受けることなく生きてきた結果が、あの話し方なのでしょう。むろん曾我さんの個人的な資質に負うところが少なからずあるのでしょうが、しかしかつての日本人は、こうであったと思わせるに十分なものがあります。

箸《はし》と筆の相関

すでに、筆記具を普通に持てなくなっている状況について書きましたが、箸についても同じです。異様な形で箸を持っているのは、なにも子どもに限らず、ときには親子が同じような箸の持ち方で食事をしている光景さえ見かけます。

食事と文字や言葉は決して無縁なものではありません。人間には二種類の食べ物が必要です。言うまでもなく一つは肉体のためのもの、そしてもう一つは精神のためのものです。評論家の吉本隆明《よしもとたかあき》氏は『言葉からの触手』の中で、

「精神にとっての食物、つまり言語。言葉をしゃべったり書いたりするのは、精神が食べ

ることだ」

と書いています。日本をはじめとする東アジアの漢字文明圏においては、身体の食事は箸で、精神の食事は筆で摂《と》ります。身体を維持し、精神を維持するために箸と筆は欠かせないものですが、その使いこなしがいま危《あや》うくなっています。言葉が軽視され、書くことが軽視される土壌の中で、こうした「箸を持てぬ、筆（筆記具）を持てぬ」現象が起きてきたわけですが、それをいっこうに省《かえり》みることなく、パソコンやワープロという現代商品の見境のない導入がこの崩壊にいっそう拍車をかけています。

箸や筆の持ち方は、また、ただ単に書字の躾《しつけ》や習慣にとどまらず、物事を「摑《つか》む・攫《つか》む・抓《つか》む（いずれも手偏であることに注意）」、また把握するという精神の問題にもつながっています。

その現われの一つが、第一章で触れた遠近感と距離感の喪失です。

二〇〇五年、ＯＥＣＤが四十カ国・地域の一五歳を対象に実施している「生徒の学習到達度調査」で、日本の成績が大きく下落していることが報じられました。前回八位だった

「読解力」が一四位に低下、「数学的応用力」も一位から六位に下がったとかで教育界は大慌てのようです。

「書く」ことが少なくなり、あるいは「書かなくなれば」読解力が落ち、読解力がなければ「数学的応用力」が低下するのは当たり前の話で、いまさら驚くにはあたりません。

これも、いわば「つかむ」という能力の低下です。

文部科学省をはじめとする教育関係者は、いまさらのように読書機会を増やすべきだとか、ゆとり教育を見直すべきだなどという、十年一日《いちじつ》のごとき議論を繰《く》り返していますが、小中学生にＩＴ教育などという愚を直《ただ》ちに止《や》めることこそ急務です。

ジャーナリストの柳田邦男《やなぎだくにお》さんが著書『壊れる日本人』の中で、「ノーケータイ、ノーインターネットデーを作れ」と書いていますが、私にはずいぶん遠慮した提言に思われます。「ノーカーデー」は自動車の氾濫を食いとめることはありませんでした。同様のことは「ケータイ、インターネット」について言えます。「ノー・デイ」ではなくて小中学校、義務教育における廃止と禁止こそが必要です。

パソコンを扱うことは、なにも小学生から始める必要はさらさらなく、大学生になってからでも社会人になってからでも、あるいはまた中高年になってからでも十分です。パソコンそのものを操作することを覚えるより、パソコンを用《もち》いていったい何をするのか、何ができるのか、そのための基本的な思慮や思考を成熟させることが、まず先であり、また重要です。

つまりは精神の食事をまず、たっぷりと摂ることです。

精神の食事は筆記具で摂るものであり、その筆記具を操るのは手です。その手はワープロやパソコンを操るときと違って、筆記具で紙に書く（筆蝕する）ことによってさまざまな微妙な動きを触覚と視覚を通して受容し、同時にまた手に伝え戻すという、人間の思考に欠くことのできない行動を確保しています。

人間は手である

手の重要性は、もっと見直されなければなりません。

手は単にものを持つだけでなく、また道具を使うだけでもありません。第二章で述べたように、行動の「直接―間接」の二重性を感受する触覚の別名であり、そこに言語の成立の根拠がありますから、手こそ言語であるとも言えます。言語は人間であることの証しのようなものですから、人間は手であると言うこともできます。

人間が人間として歩み始めたのは、道具と火と言葉を使うことによってであると言われますが、道具とはすなわち手の延長たる第二の手にほかなりません。火を起こすことは、木と木、石と石とを摩擦することによってであり、言葉もまた、道具を持ったときの行為と持たないときの行為間の接触矛盾に成立しています。つまり道具も火も言葉も、すべて、道具を持った人間の「直接—間接」の二重性の営みを象徴しています。

コンピュータ（電子計算機）に代表されるデジタルネットワークは「電脳」という言葉で置き換えられますが、それは「人間は脳である」という錯覚から名づけられたものにすぎません。「人間は手である」——「手」がなければ、文化的人間たりえません。

むろん、人間は第三の手とも言うべき、機械化、自動化技術をも開発しました。作業用ロボットはその代表的存在であり、コンピュータもその一つです。第三の手は、重作業のある部分を人間に代わってこなし、それによって人間は本来の人間的な生活を謳歌《おうか》することができるはずで、その意味においては歓迎すべきです。しかし実際には、機械化、自動化が進めば進むにつれて私たちの生活は慌《あわただ》しくなり、とても人間的な生活をゆったりと謳歌するどころではなくなりました。

言うまでもなく、朝起きて床を片づけ、掃除をし、歯を磨き、顔を洗い、鉢植に水をやり、朝食をつくり、食べ、片づけ、買物に出かけ、昼食の仕度《したく》をし、食べ、片づけ、洗濯をし、周囲の人の世話をし、読書し、生活上必要なことを記録し……、と日常生活をまっとうにやり尽くすことが人間の理想の生活です。しかしその仕事は厖大で、生活をまっとうにやり尽くせば、とても会社で働いている時間はないほどです。

最近ではコンピュータネットワークのせいで、在宅勤務、SOHOなどといって家で仕事をするというスタイルも浸透しつつあるようですが、これは逆に、わずかな余暇時間までもがコンピュータネットワークという鎖で縛《しば》りつけられ、いっそう仕事漬《づ》け状態へと追い込んでいます。

確かにパソコンは世界を一瞬にしてつなぐ機能を持っており、ケータイは便利かもしれません。新しい技術や機械は、それを使うことによって、私たちを単純な労働、激務から解放し、日常の暮らしを十全に楽しむ方向へ向かわせるはずでした。しかし、実際はどうでしょう。

たとえば仕事を終えた父親は、せっかく早く家に帰ってきてもそそくさと自分の部屋に籠《こも》ってパソコンの画面に向かい、子どもは食事も満足に摂らずにゲーム機を抱《かか》え込み、娘はケータイを一刻《とき》も離そうとはしないという状況が、決して誇張した戯画《カリカチュア》ではない事態を招いています。

便利になればなるほど、何者かに憑《つ》かれたように、あるいはケージの中で小車を回す廿日鼠《はつかねずみ》のようにせかせかと動き回らねばならない現実があり、そうして私たちは逆に大切な日常の生活時間をどんどんと細らせていくばかりです。その結果、人間が何者かに動かされるロボットの如き存在と化しています。

いったいなぜそんなことになるのでしょうか。第三の手が独立したかのように増大している状況がそうさせています。有体《ありてい》に言えば、機械やコンピュータやコンピュータネットワークに人間が使われているのです。

人間は口ではない

言葉は口から発せられるものですが、にもかかわらず日本語では、「人間は口である」と言われることはありません。たとえば人間と結びついた「手」の言葉はたくさんありま す。「働き手」、あるいは野球においても投手、捕手、一塁手、遊撃手と、さらにまたプレーヤーはすべて選手であり、先頭を行くものは旗手というように、「手」はすなわち「人」の象徴です。ところが人間を口にたとえることはあまりなく、「口」は陰口、悪口、軽口、口車というふうに、どちらかと言えば悪い比喩《ひゆ》に使われています。「人口」とは人間を指すものではなく、人間の数を数えるための語彙です。「口べらし」なる言葉さえあります。

「口は災《わざわ》いのもと」とは言っても、「手は災いのもと」とは言わない。こうして見ると、「手」は人間を暗喩《あんゆ》するのに対して、「口」は食物の出入口程度としか扱われていません。

ここにも、人間にとって「書く」こと＝手の本源性が示唆《しさ》されています。

オペレーターと運転手に満ち溢れる国

皮肉を言えば、いまや、日本中にオペレーターと運転手が満ち溢れています。

かつての手紙の書き手がいまでは、パソコンの前に座るオペレーターと化しています。かつては「物書き」と呼ばれた作家や詩人の多くでさえ、いまではオペレーター役を務めています。また、かつては電車やバスによる旅行を楽しんだ乗客が、いまでは運転士や運転手役を務めています。

要するに大多数の人々が、秘書と運転手と化しているわけですが、いったい誰の秘書であり、誰の運転手なのでしょう？　じつは秘書を使っているのはコンピュータであり、運転手を雇っているのは自動車そのものだという現在の不思議な倒錯図がそこに見えてきます。

社会を挙げて煽動《せんどう》され、築かれた環境の中で、冷静に物事を考えるのは容易ではありません。しかしそれ故にいま、私たちの周りにあるものが本当に必要なものかどうか、根本的なところから検討しなおしてみる必要があります。

このような生活の内実の極端な痩《や》せ細りとともに、家庭内暴力、校内暴力、さらには子殺し、親殺し、学友殺し、集団自殺などが多発していることは間違いないからです。

女性と子どもを標的に

新聞を読んでいて、経済欄で「女性と子どもをターゲットにした商品展開」という記事を見て胸が痛みました。ことさら新しい言葉ではありませんが、ターゲットは弾丸を撃ち込む標的です。軽く見過ごしがちですが、「女性と子どもに弾《たま》を撃ち込め」と主張しているのですから、女性と子どもに群がり、弄《もてあそ》ぶ殺伐とした言葉であり、またこの時代の謎を解く言葉でもあります。

現代商品の弾丸を撃ち込まれて、女性と子どもが、目に見えない血を流し、喘《あえ》いでいるという状況が現在日本の姿です。

日本などの高度資本主義国は、すべて行き過ぎた段階に入り込みました。住環境は相当に貧しい状態にありますが、それでも、衣、食、住ほぼ満たされる段階に入っています。本来贅沢《ぜいたく》を言わず、大きな欲を出さなければ、物の面では満ち足りるようになりました。本来満ち足りれば生産量を減らせばよく、労働時間も短縮できるはずですが、右肩上がりの増収増益が基本命題の金融資本主義のもとでは、人間の生活にとっては必ずしも必要ではないもの、また害ある商品までもが、鳴物入りで市場に出回るのです。その標的となるのが、いまでは、女性と子どもたちです。

必ずしも人間生活にとって必要ではないものを、いわば無理に商品化しはじめたマネーゲーム時代の現在は、消費においても、生産においても、また犯罪の加害者においても、被害者においても、女性と子どもたち、さらにこれに加えて老人たちがその主役を担《にな》うに至っています。

たとえば、飲酒、喫煙は成人するまで不可であり、風俗店や成人映画は一八歳未満は禁止であり、競輪、競馬場へは一八歳以上であっても学生は入場できないという制限があります。厳密に守られているかどうかはともかく、やはりこれらの制限には、青少年の精神、肉体上の成長にとって、意味を持っています。

インターネットにも成人向けサイトがあります。それに繋《つな》ぐことは、誰でも可能であり――子どもたちこそ興味を持ち、またパソコンの使いこなしくらいは容易なことで、友人からの耳打ちで、やすやすと繋ぐことができることでしょう――、成人向けサイトの子どもたちからの隔離が十分に機能しているとは、到底考えられません。

「一八歳未満は禁止」という制度が有効であるのならば、成人サイトを有するインターネットを、一八歳未満については全面禁止すべきです。成人サイトだけではなく、株や銃器、高利貸に接続することも、またこれらの商品の売買さえ、小学生でも可能になるのです。中学生の大金持ち社長が生まれ、マスコミはこぞって神童、天才とはやし立てることも十分に予測できます。

子どもが回転ドアに挟まれて大怪我《けが》をしたと聞けば、人々は大変なことだと心配し、年《とし》端《は》も行かない女の子が殺されたと聞けば、身を震《ふる》わせて憤《いきどお》る人は多くいます。しかし佐世保の小学校で起きた事件を思い起こすまでもなく、人間同士の直接な関係を阻むIT化のもとで、日々、精神が歪み、傷つき、はては殺され、目に見えない精神の青い血を流している無数の女性や子どもたちがいることには意外なほど無頓着《むとんちゃく》です。

見るということについて

私たちは「見る」ことについて、いささか錯覚しています。見るというのは、角膜と水晶体を通して網膜に像が映し出され、その情報が電気信号に変えられて脳に伝わるというように教えられ、そのように理解しています。確かに、物理的像はそのようなメカニズムで映し出されているかもしれませんが、はたしてこれが「見る」ということでしょうか。

たとえば、「机の天板の裏面に紙が貼り付けてある」と言われれば、私たちはそれを探そうとして手を伸ばすとき、想像的に紙を幻視《イメージ》します。どんな形や色をした紙かはわからないまでも、貼られた紙の存在そのものは見えてきます。そして実際に触《さわ》ったり、目に触れたりすることでそのイメージとピントを合わせています。その、幻視と実視を総合した全体のプロセスが「見る」という営みです。

車を運転していて事故を起こしたときに、その瞬間のことをよく覚えていないということが、しばしば起こります。警察から事情聴取を受けても、うまく思い出せません。それもそのはずで、「見えていなかった」からです。通常私たちが運転しているときは、前方の景物への幻像《イメージ》が必ず先行していて、その幻像と実際とが重なるから見えるのです。ところが、予想してもいない事態が起きると、網膜に映ろうが映るまいが、幻像が作られておらず、実像との同一化という事態が起きないため、「見えない」のです。

たとえば二メートルの小川を飛び越えるときには、自分が二メートルの小川を飛び越えるイメージがなければ、たとえ身体的な能力があっても決して飛び越えることはできません。まあ、この場合、イメージがあったとしても、実際に飛び越えられないということは起こりうるわけですが。幻像の不可避性はスポーツ選手の、いわゆるイメージトレーニングを見れば、よくわかります。

「見る」という現象においても同じことが起きています。

そして「見る」ときの幻像や実像は、そのまま言葉と重なっています。私たちは、「花」という言葉を知っているからこそ、花として見る、花として見えるわけです。幻しを伴《ともな》った「花」という言葉を知らなければ、それは不気味で得体の知れない、動物に似たものかもしれませんし、雨や雪など自然現象に近いものかもしれません。「花」という言葉を知っているからこそ、またその言葉に含まれたイメージを内に組織しているからこそ、私たちは花を花として見ているのです。この言葉とイメージは、じつは個性というものの対極にあります。

いまほど「個性、個性」と合唱している時代は、これまでなかっただろうと思いますが、個性とは、あくまで歴史や社会という大きな枠組の中に位置づけられて存在するもので、決して世界の中心にあるものではありません。

もしも自分が世界でたった一つの存在で、しかも世界の中心にいるなら、いままでに人間が培《つちか》い、育《はぐく》んできた言葉などは使わず、オリジナルな言葉を使わなければなりません。到底そんなことはできませんから、従来の言葉を使うでしょうが、そのときは、いささか冗談めきますが、現代社会の常識である「相対」と「有償」と「交換」という市場経済の原理から言えば、逐一、使用料を支払うべきでしょう。

一人の「私」は、歴史や世界から離れてぽつんと一人で存在するのではなく、歴史や世界がすでに生んだ厖大な言葉（語彙《ごい》と文体）のほとんど無尽蔵の「無償」の恩恵とともに生きているのです。

「絶対」と「無償」の原理

「相対」と「有償」と「交換」というスタイル＝市場経済の原理が、私たちの意識を蝕《むしば》んでいることについては第一章で述べましたが、その対極にあるものが、じつは言葉や文化、自然の持つ「絶対」と「無償」と「非交換」「吸収」の原理です。太陽は私たち生きとし生けるものに大きな恵みを与えてくれていますが、その太陽から請求書が届いたという話は聞いたことがありません。水道料金や地代は払っていますが、これとても自然そのものから請求書がくるわけではなく、水を管理し、あるいは土地を所有する自治体に対しての支払いです。つまり、自然は、「相対」と「有償」と「交換」という原理の埒外《らちがい》にあり、富める者にも貧しい者にも等しく恵みを与えてくれる絶対的な存在です。

言葉も、また同様で、「使用料なくして使うべからず」などと過去の人たちから要求されれば、いったい私たちの生活はどのような事態に陥《おちい》るでしょうか。著作物に対しては、確かに著作権料が生じますが、それはあくまで著作者とその家族の生活のために付与された限定的な権利にすぎず、期間も著作者の死後五十年までと決められています。そもそも著作物そのものが、前提となる言葉や文字を無償で使うことによって成立しているのですから、著作権は、当然の権利とは言いがたいものです。

絶対で無償の恵みは人間が生きていく上に欠かせないもので、そう考えれば人間はでき得れば「絶対」と「無償」と「非交換」「吸収」の原理のもとで生きるのが理想だという結論に至ります。いま、市場経済一辺倒の世の中で、何かが確実に変容していることに気づいた人たちは、自然への回帰を目指していますが、その根底にあるのは「絶対」と「無償」と「非交換」「吸収」の原理の恢復《かいふく》です。たとえば人に品物を贈ったり、何か手助けをすることは、その見返りを期待しているからではありません。子どもを育てるのは老後の面倒を見てもらいたいためではありません。産み、育て、ともに生活したいからであり、そうすることで自らが真の満足を得られるからです。

同じことは言葉にも言えます。いまこそ人類が蓄積してきた言葉の豊穣《ほうじょう》性に驚き、感謝し、その豊穣な言葉を学び、その言葉を用いて私たちの生活をより充実したものへと引き上げていく言葉とイメージを紡《つむ》ぎ上げていかねばならないにもかかわらず、そのことを指摘する人はあまりいません。

緊急避難型社会

少しずつ棲《す》み分けがやがて始まるでしょうが、最近は少し減ったようですが、横断歩道を渡る人々の姿に異様なものを感じます。歩行者の多くがケータイで話したり、スマートフォンの画面を見ながら歩いているのです。その群れの中にいる人は気づかないのでしょうが、遠くから見ると、なんとも異様な光景です。

電車に乗れば、多いときには八割くらいの人たちが通話こそしていないものの、せっせと手にしたケータイやスマートフォンを操作しています。学生を含めた若い人だけで見れば、なにもしていない人はほとんどゼロです。

合コンの席で目の前にいながら直接話をせず、ケータイのメールで話し合っているというケースすらあると聞きますが、あまりにも幼い人間関係の取り方で、これは、もうりっぱな病気だと、言うほかはありません。

本来の人間のコミュニケーションは、人と人とが直接につながりあい、関係を成熟させていくことです。それ故に、親密なつながりと深い喜び、ときには、喧嘩やいさかい、また、悲しい別れもあります。しかしケータイ病患者はどうかと言えば、アドレス帳をいっぱいにすることやスケジュール表を空《むな》しい〝仕事〟で埋めることに躍起《やっき》になり、自分は忙しく、多くの友達を持っていると錯覚しています。

携帯電話が一般に普及する契機となったのは一九九五年の函館《はこだて》ハイジャック事件で、乗客が機内の様子を逐一、警察に報告、犯人は一人であることがわかり事件を解決に導《みちび》いたことからです。携帯電話は、そうした非常時の緊急避難のためのものであり、日常の暮らしの中では必ずしも用のないものです。

事《こと》は携帯電話にとどまらず、現在の社会はまさに非常事態型、緊急避難型社会と言うべき様相を呈しています。パソコンも、元はといえば軍用通信技術として開発されたものであり、メールやチャットはモールス信号を出発点としています。ジーンズにスニーカー、リュックサックを背中に背負い、さらには四輪駆動車で移動するという姿は、文字どおり野営のスタイル、非常時のファッションです。アイポッドに代表されるポータブルプレーヤーもまた、戦時の前線での通信兵を彷彿《ほうふつ》とさせます。

この緊急避難型生活は、アメリカ社会を反映しています。

たとえば、近年のアメリカ映画の過半は緊急避難映画です。いわゆるパニックものはもちろんですし、サスペンス、あるいはホラーもそうです。多くが、仲違《なかたが》いしている男二人を含む集団が敵に襲われる。すると、その二人が仲違いしつつも協力し合って、無事、敵から逃れ、自由を獲得するという筋書《ストーリー》です。

これは「ハックルベリー・フィンの冒険」にも見られる、連綿として続いているアメリカの伝統と言ってもいいものでしょう。テーマは自由の獲得ですが、その文体は、土着民であるネイティブアメリカンを殺戮《さつりく》し、追い出し、さらにまた黒人奴隷を収奪したことによってつくりあげた社会が孕《はら》む、その原罪への怯《おび》えと不安と緊張に起因しています。二〇〇一年の九・一一事件に対するヒステリックな反応もこれに基づくものです。

ひところ、アウトドアの生活やサバイバル（生き残り）生活がブームになりましたが、これは、自然回帰指向というだけでなく、緊急避難型、非常事態型の社会を反映したものです。

緊急避難型社会に親しい生活はアメリカの原罪であると言っていいと思われます。しかしアメリカ社会が、入植白人の心に染《し》み込んだ原住民の失地恢復運動からの恐怖に怯えているとしても、現在の日本はいったい何からの緊急避難なのでしょうか。

日本の映画は、アメリカ文学や映画のような緊急避難型、非常事態型の筋書《ストーリー》はまれであり、典型は「水戸黄門」に求められます。善良な町人や農民がいて、それをいじめる悪徳商人、悪代官がいる。これを葵《あおい》（権力者）の紋章入りの印籠《いんろう》を持った権力者が懲《こ》らしめる。めでたし、めでたし、という類の筋書です。

聡明あるいは秀抜な権力者が、善良な市民をきっと助けてくれるという思想です。知恵をしぼり、策を弄して敵を斥《しりぞ》け、自由を獲得するアメリカ映画のストーリーと、聡明な権力者待望の日本映画のストーリーとの間には、超《こ》えられないほど大きな世界観の差が見られます。

江戸時代の僧・良寛《りようかん》の言葉に「災難に逢《あ》ふ時節には災難に逢ふがよく候《そうろう》。是はこれ災難をのがるる妙法にて候」とあり、日本人の多くはこの従容《しようよう》とした思想に共感しますが、ここにも、いわば「水戸黄門」の思想が生きています。

現在の緊急避難型の生活スタイルは、人間の生活の内実を破壊する交換価値至上社会がつくり上げているものです。

沈黙に耐えられぬ人々

普通、走ったり、急いだりするのには、必ず理由があります。走らなくては学校や会社に間に合わないという場合であり、あるいはまた一刻も早く目的地に着きたいためであり、さらにまた誰かに負けないためかもしれません。

しかし目的もなく急いだり、走ったりするということになれば、これは精神の病いです。行き過ぎた市場経済の進行の中、現代の日本人の状況は、まさに精神の病いと断ずるしかありません。

子どもや若い人たちを見ていると、まさに廿日鼠のように落ち着きません。いまテレビを見ていたかと思うと、パソコンの前に座り、次はケータイでメールを打って、息つく暇もなくポータブルプレーヤーで音楽を聴いているという有様で、まるで、何かに急《せ》きたてられているようです。何もしないでじっとしていることがありませんし、ボーッとしていることも少ないようです。

何もしないでいることに不安を感じるわけで、これは不安神経症の一種と言うしかありません。

こうした状態ではすべての思考が受動的になり、能動的な思考が働きません。テレビから情報が入ってくるかと思えば、追いかけるようにパソコン、ケータイ、音楽というふうですから、すべてが受身になってしまい、一種の催眠状態に陥り、主体的な思考の働く余地がありません。

本来、人間の思考は何かの情報を得て、自分の中で考え咀嚼《そしゃく》することで初めて自分のものになりますが、咀嚼の暇がないほど次々に情報が流れ込んでくるのですから、思考は乱されるだけです。言葉による思考は、食事と同じです。食事は、単に空腹を満たすだけでなく、味を楽しみ、また同席している人との会話を楽しむということが付随しています。また十分に咀嚼しなければ、栄養も吸収することができません。

咀嚼する思考は、じつはボーッとしている状態、言い換えれば、交換の外部に出た「吸収」の時間に実行されます。いわゆるα《アルファ》波という波が出ているひじょうに落ち着いた状態で、心もリラックスし、思考能力も高まっています。

言葉の背後には厖大な沈黙があります。現在の若者は、次から次に刺激あるいは情報を詰め込まされている状態で、沈黙の豊かな時間を知らず、沈黙に耐えられないようです。学生たちの間《あいだ》でもよく見かけることですが、何人かが集まって話していて、少しでも間《ま》があくと、「何、この静かさ？・」などと言って即座に間を埋めようとしています。

日常の中の沈黙が消えつつあるということは、言葉の存立の根拠であり、それ自体が言葉であると言っていい沈黙の深みが失われているということです。

社会が日々、教育を崩《くず》している

私は第一章で、現在の人間の精神が制御不全に陥《おちい》っている原因として三つを挙げました。

①行き過ぎた市場主義のもとでの価値の不定、浮動化。

②パソコン、ケータイ、インターネットといった現代商品の氾濫《はんらん》のもとでの社会的抑制力の低下。

③行き過ぎた市場主義と珍奇な現代商品の氾濫のなかで言葉が力を失った社会。

この三つです。

かつて、ライブドア社がニッポン放送株買占めを仕掛け、わずか七十日間に千四百億円を懐《ふところ》にしたこと、また投資顧問会社部長が推定百億円の年収を手にした例に見られるように、行き過ぎた市場主義は、いまや行き着くところまで行ったという感があります。

物をつくり、物を売るのは、人々のよりよい生活に役立つためのはずですが、いまや、そうした使用価値は見失われ、交換価値を絶対視して、ただ売れればよいという、規矩《きく》なき衝動が企業を突き動かしています。この交換価値至上主義のもとで必然的に欺瞞《ぎまん》的経営が蔓延し、企業ぐるみの詐欺に等しい行為が横行します。東京電力や関西電力の原子力発電所に関するデータ捏造《ねつぞう》や資料隠しはもとより雪印乳業の連続食中毒事件やそれに続く牛肉擬装事件、昨今の三菱自動車のリコール隠し、UFJ銀行の不良債権隠蔽《いんぺい》、あるいはまた三井物産の排ガス浄化装置データ捏造、NHKの一連の不祥事、カネボウの粉飾決算、JR西日本の過密ダイヤ転覆脱線事件など枚挙に暇《いとま》がありません。

むろんこれまでも政治とからんだ企業の不祥事はありましたが、ここ数年は企業ぐるみへとその質が大きく変容しています。

もはや交換価値至上主義に侵《おか》されているのは、一部の特殊な人間ではなく、従業員も含めた企業全体、さらには社会全体に及ぶという事態に陥っています。

このような状態では学校で子どもたちにどのような生き方が教えられるでしょうか。政治家、企業、そして社会、また教育自体が日々、教育を崩《くず》しているのですから、今日の教育は、まさに、落ちてくる大岩を山の頂上まで幾度も永遠に押し上げ続けるシジフォスの神話に似た空《むな》しい作業と化しています。

手触りの復活の必要

この章の前半で「人間は手である」と述べました。手は、人と人とを結ぶ共同の象徴であり、直接―間接の二重化した触覚の象徴でもあります。手で「書く」ということを離れて言葉は存在しません。落書き、砂遊び、積み木……子どもにとって、遊びは触覚のトレーニングを意味します。

いまの子どもたちの遊びの多くは、テレビゲームのようにバーチャルであるか、あるいはディズニーランド等大人の管理下にある擬似《ぎじ》遊びかのいずれかで、そこには自立的、創造的な「子どもの時間」の流れがありませんから、触覚のトレーニングがほとんどなされません。

さらに大きな問題は、日常の暮らしの実態が、急速に失われていることです。

人間にとって、本来最も大切であるはずの日常の時間が、ほとんど意味のない、つまりはできればなくしたい時間に成り下がっています。たとえば一家の主婦は家での炊事や洗濯、掃除等の家事をこなすのは無駄という意識がはびこり、パートにでも働きに出ることが、むしろいいことであるかのような錯覚がまかり通っています。また、会社勤めの夫は日の暮れないうちに帰ってきて庭いじりなどしていると無能なサラリーマンのごとく思われるという有様です。

勢い、家族が揃《そろ》って映画を見たり会話をしたり本を読んだりという時間はほとんどなく、花見や祭りに出かけるという時間すら無駄扱いされかねません。食事は食べればいいというだけの時間となり、朝の時間に母親は食事の仕度ができず、朝食抜きで学校に行く子どもが少なからずいるという現実は、もうずいぶん以前から指摘されています。

かつて私たちの生活は「ハレ」と「ケ」に明確に区分けされていました。

ハレは文字どおり「晴れの日」のハレであり、正月、祭り、結婚式や祝い事など、日常とは一線を画《かく》した特別の日を意味します。それに対して、日々繰り返される日常が「褻」という文字が宛てられている「ケ」の日です。ハレの日は晴れ着を着て、ご馳走を食べますが、しかし、それは毎日繰り返される日常、つまり「ケ」があってのことで、それゆえにこそ「ハレ」が一層喜びに溢れる日となります。

ところが現代の生活は、どうでしょう。ディズニーランドなどのテーマパークは、いつでも開いていますし、芝居や映画、あるいは音楽会も同様です。食事にしてもかつてはご馳走だったものが常態となり、いわば毎日が「ハレ」ですから、私たちの生活からとても大切な「ケ」（日常）という感覚がなくなってしまいました。「ハレ」と「ケ」の遠近法とリズムを失ったのです。

朝起きて、私たちはテレビでその日の出来事を知り、車で、バスで、あるいは電車で出勤します。たとえば、近所の山田さんが病気になったことを知らず、自宅から数メートルの場所に近々新しいマンションが建つ噂も知らず、それどころか向こう三軒両隣にいったいどんな人が住むのかさえ知らずに過ごすことさえあります。遠く離れた国で起きていることは知っていても、隣近所のニュースについてはまったく無知ということがしばしばあります。

手で触れることのできる日常がすっかり希薄になってしまったわけで、このことは現実感覚の希薄さを生み、それがさらに物事の良し悪しを判断する感覚の喪失へとつながっています。距離感の失調、遠近法の喪失は若者だけのことではありません。

家族崩壊の象徴

手触りを復活をするためには、家族と地域社会を再構築する必要があります。子どもが段階を経て育っていくという従来の社会システムを破壊してしまっているということについては第一章で述べました。日常の暮らしがきちんとあった社会では、家族が確立していましたから、子どもは親から言葉を教えられ、兄弟姉妹が交わり、そして近所の子どもと遊んだり、喧嘩をしたりということを通じて、手触りのある体験を重ねることができたのです。

それが一九六〇年代ころから崩れてきました。きっかけは第一章でも触れたように一般家庭に急速に普及し、茶の間の「一家の長」の位置を占めたテレビをはじめとする現代商品の氾濫です。とりわけ決定的にしたのはパソコンですが、これらの現代商品が家族にとって代わるようになったのです。まず子どもは親や近所の子どもと遊ぶ代わりにテレビに遊んでもらうようになり、それまでは当たり前だった家事の手伝いもしなくなりました。

親が手触りのある言葉を、そして手触りのある日常生活の体験を教える代わりに、テレビが、そして現在ではパソコンが子どもたちを教育していると言っても過言ではありません。その象徴とも言えるのは〝テレビ子守り〟でしょう。つまりは母親が忙しく、子どもをかまっている暇がないからとテレビを子守り代わりにしている状況です。こうしてコンビニエンス（利便性）が優先され、子どもはどんどん手触り、つまり体験と経験をなくしていったのです。

それに拍車をかけたのが、ゲームであり、パソコン、ケータイです。

その一方で、親は効率優先の市場主義経済に巻き込まれていることが重なり、本当の意味の家族は成り立たなくなってきました。

皇太子一家の雅子妃は適応障害ということで現在療養中ですが、皇室が外務省キャリアウーマンの女性を妃《きさき》に迎えたということに問題があるように思います。私は必ずしも天皇制支持者ではありませんが、天皇や皇室は、いかなる世事にも関わることなく、ただひたすら国民の幸せを願いつづけているというあり方にこそ、象徴としての姿があり、国民の支持があるように思います。

そうした皇室と外務官僚とは、あまりにもギャップがあり、結びつかないものです。おそらくは雅子妃は皇室外交への期待があったのでしょうが、外交は政府の仕事であって、皇室の仕事ではありません。あくまでも世事に関わらないことが皇室の基本であって、そこに雅子妃の苦悩もあったのではないでしょうか。

現在の天皇が初めて民間の女性を皇后として迎えたことで、天皇家は平安な家庭、家族の象徴でもありましたが、現在の東宮家においては危うくなっていることで、皮肉にも日本の家族の崩壊の象徴ともなっています。

「ゲーム脳」そして「メール脳」

現代商品の氾濫が始まる前の時代、子どもは家族の中でまず、言葉を獲得していきました。しかし、「書く」ことが土台から失われつつあるいま、あるいは家族や日常の手触りがなくなったいま、もはや子どもは家族からじかに言葉を獲得することが少なくなっています。その代わりにテレビから、ゲームから、あるいはパソコンから言葉と生き方のスタイルを学んでいるのです。

かつての「書く」ことを土台にした言葉には、おのずと自省と自制が働いていましたが、現代商品が投げかける言葉には自省も自制もなく、また間違いに対する反省もありません。

一方で「ゲーム脳」などと言われる問題も指摘されています。

森昭雄日大教授の指摘がそれで、テレビゲームをやっている人間の脳波を計測した結果、ゲームに熱中している人間の脳波にはβ《ベータ》波が著《いちじる》しく減少したり、ときには出ない場合があると発表しました。そして、この状態の脳波は痴呆症患者と同じだとして、これは脳の情動抑制や判断力などの重要な機能を司《つかさど》る前頭前野《ぜんとうぜんや》がダメージを受けているためだというのです。

森教授の実験によれば、テレビゲームを始めるとかなりの割合でβ波が減り、α《アルファ》波との比率が低下するそうです。普段ゲームをしていない人は、ゲームをやめると元に戻りますが、一日に何時間もゲームをするような人の場合は回復が遅く、高齢者の痴呆症患者と同じような波形を示すようになるといい、森教授はこれを「ゲーム脳」と名づけました。

その結果、大脳皮質の前頭前野の活動レベルが低下し、意欲や情動の抑制の機能が働かなくなって、思考活動が衰《おとろ》え、そして、これが無気力や感情の爆発、いわゆる「キレる」状態にもつながり、ひいては凶悪少年犯罪にもつながるのではないか……というのが森教授の指摘です。

さらに最近の研究では、ケータイを頻繁に使う人にも似た状態が起こることがわかり、新たに「メール脳」という言葉まで登場しています。

そしてひじょうに興味深いのは、こうした「ゲーム脳」を回復させる効果的な方法として、森教授が手や五感を使った遊びや運動を挙げていることです。手の触覚、手触りの重要性が脳科学という分野でも証明されているのです。

日本小児科医会の提言

もう一つ、テレビの視聴時間と子どもの言葉の発達という問題があります。

二〇〇四年二月、日本小児科医会は子どもにテレビなどメディアに接する時間の制限を求める異例の提言をしています。その提言は、以下のような内容でした。

①二歳までのテレビ・ビデオ視聴は控《ひか》えましょう。
②授乳中、食事中のテレビ・ビデオの視聴はやめましょう。

③すべてのメディアへ接触する総時間を制限することが重要です。
一日二時間までを目安と考えます。
テレビゲームは一日三〇分までを目安と考えます。

④子ども部屋にはテレビ、ビデオ、パーソナルコンピューターを置かないようにしましょう。

⑤保護者と子どもでメディアを上手に利用するルールをつくりましょう。

提言に先立った調査では、テレビの長時間視聴によって言葉の発育の遅れは二倍になっていることがわかっています。調査は、子どもが一日にテレビを見る時間を四時間より多いか少ないか、さらに子どもが直接見ていなくても家族がテレビを点《つ》けている時間が八時間より多いか少ないかで、四つのグループに分けて行なっています。調査内容としては、通常、一歳から一歳半の子どもは「主語」「述語」の二語文で話すことから、二語文が話せない子どもの割合を四つのグループで比べています。

その結果、次のようなデータが明らかになっています。

視聴時間　　　　　　　　　　　　　　　　言葉の遅れ
子どもが四時間未満で、家族が八時間未満　一五％
子どもが四時間以上で、家族が八時間未満　一八％
子どもが四時間未満で、家族が八時間以上　二三％
子どもが四時間以上で、家族が八時間以上　三〇％

また、二歳までにテレビを見せすぎた子どもの中に、①言葉が出ない②すぐにかんしゃくを起こす③さまざまなものに反応せず表情が乏しくなる——といったケースが見られたという別の報告もあります。こうした状態が続けば将来、友達と遊べないなどの心理障害が起こることにもなる、と注意を促しています。

ちなみに、こうした提言はアメリカではすでに一九九九年に小児科学会から出されています。

第一章で、「狼に育てられた人間」を例に、現在では、狼の代わりにテレビやゲーム、パソコンに育てられた子どもたちも多いと述べましたが、日本小児科医会の提言はそれを裏づけています。

自動販売機の不遜《ふそん》

パソコンやケータイといった現代商品の批判をすると、あたかも十九世紀のイギリスで起きたラダイト（機械打ち壊し）運動を想起される方がいるかもしれません。しかし、生活上必ずしも必須でないパソコンやケータイ、インターネット等が日常生活の中で異常に突出した位置を占めることの弊害を主張しているのです。

企業の経理や管理、あるいは株や商品取引には必要でしょう。病院の患者管理にも有効かもしれません。そうした実務的な分野でスーパーコンピュータやパソコンなどが使われることは当然ですが、ただ一般の日常生活に入り込むこと、とりわけ子どもの世界に入り込むことの愚は避けるべきです。

日常生活という範疇《はんちゅう》で見れば、便利であることを求めて、私たちはあまりに多くのものを失ってきました。しかし、そろそろ便利はほどほどにして、もう一度豊かな日常時間を取り戻す方向へと向きを変えたいものです。たとえばパソコンで何かを調べるのではなく、図書館に行ってみる――もっとも、図書館も時代に流され、近年は閉架式が多く、住民の真の（意識下の）願いに逆行していますが――また、買物をするなら店員との応対を楽しむ形をもう一度見直すというようなことで、それによって手触りを取り戻すことができるのです。

私は日頃、自販機はじつに失礼な機械だと感じています。身を屈して品物を取らせるということは物を売る立場からは避けるべきで、ちょうど手元に取りやすい位置に出てくるように、なぜ、できないのか不思議に思います。盗難防止のせいもありましょうが、ときには、ひょっとしたらうまく商品を取り出せないのではないかと不安を抱く構造のものさえあります。

ときに、店員が中の商品を取り替えている場面に出くわすことがありますが、そのときに店員がなんともおかしな行動をとります。商品を詰め直して自販機のディスプレードアを閉めて、「どうぞ」という店員がいますが、これはなんともおかしなことです。店員が商品を手渡してお金を受け取るべきでしょうが、そうする人は少ないようです。本来は自ら販売すべきものを機械に代替させているのですから、自らが礼を言って手渡さなければいけないはずなのに、その感覚すらすでに失っています。

人と人が向かい合って言葉をかけ合って生活する――日常生活の上で、その一番大切な関係が、どんどん失われているわけで、これでは、いくら学校などで言葉かけ運動をしてもさしたる効果が期待できるはずもありません。

習字教育の再興を

最後にやはり私は「書く」こと、それも「縦に書くこと」を通して、言葉を本来の意味で取り戻すことを提言します。

それには、まず教科書は算数、数学、化学や物理、それに外国語以外は、縦組みにすべきです。当然、テストもそれに準じます。自然の成り行きとしてふだん使うノートも縦書きが増えてくるでしょう。もちろん横書きのノートをすべて排除するということではありません。私たちも、子どもの頃、細い罫間《けいかん》の横書きノートを大学ノートと呼び、早く使いたいという憧《あこが》れがありました。

とはいえ、国語用にノートを九十度寝かせて使う姿は異様です。現在は縦書き用ノートは種類が限られ、入手しにくい有様ですが、縦書きノートが気軽に買えるようになるといいと思います。

もちろん横書きも必要ですから、縦と横をうまく棲《す》み分けて使うようにすればいいのではないでしょうか。

それに加えて、習字教育を再興する必要があります。私が習字教育と言うと、いかにも我田引水《がでんいんすい》のようですが、話し方教育を充実させる一方でどうしても必要です。ところが現在の習字教育は、ほとんど申し訳のように存在しているにすぎません。それも、墨で校舎が汚れるから困るなどといった理由で忌避《きひ》されているのですから、何をか言わんやです。

現在、小学校の一年生から三年生までは毛筆を使うことは無理だからと、サインペンや硬筆《こうひつ》を使った「書写」教育なるものが必須科目として行なわれています。毛筆は四年生からということになっていますが、文字の規範はいまなお毛筆体にあります。たとえば「大」という字を考えてみてください。「大」は、横の一本の棒と交わる左と右の斜線があればいいというものではありません。横線（横画《かく》）のベクトルは、あくまで少し右に上がりますし、第二画の左はらいの画は反りをもち、先を尖《とが》らせ、第三画の右はらい画もまた、第二画とは違った反りとその先に三角形のはらいの形状を持っています。第一画のベクトルが右へ上がることも、第二画の先が尖ることも、第三画の先が三角形の形状となることも、いずれも毛筆書きの歴史を根拠とする規範ですから、まず毛筆習字教育が書き言葉習得の第一歩であり、日本語教育はここから始めるべきです。それにつけても、書字の美と一体化した文字習得のための必須の教育である「習字」を、一部の書道教育者の煽動で、「書写」というなじみのない名称に変更したことは残念です。一刻も早く「習字」と名称変更することを力説します。

毛筆教育では「はね」や「はらい」を容易に教えられますが、硬筆で「大」という字の左はらいと右はらいの差、あるいは平仮名の「い」という字の「はね」を教えることは至難です。できないから、子どもたちは「い」をまず「い」というふうに書いて、あとではね状の線をつけ「い」と書くという、奇妙な書き方が定着するのです。

「毛筆先習」で毛筆教育を最初から徹底していれば、このようなおかしな字は書きませんし、ペン字教育は不要です。四年間くらい基本をしっかり身につければ、あとはペンでも鉛筆でも、自然にきちんと書くことができるようになるからです。

他の科目に振り替えられたりで、十分に時間がとれないという事情もありましょうが、毛筆を持ち、墨をつけて書けばそれでよいという、おざなりな教育が多いようです。大人たちから見れば、ぎこちない子どもの字は興味深くとも、それは美醜以前ですから、一点、一画、はね、はらい、転折の書き方を根気強く教える必要があります。

習字は、ただ文字を「書く」ことを覚えるだけでなく、その中に多くの学習が含まれています。中でも、対称美と整斉美を核とする文字と書字から、人間の生活が美しくあるべきことを学びます。また、規範と基準を知るということも重要です。書字には、基本となる基準が存在します。その基準を、まず知り、それを知った上で自分なりのバリエーションをつくったり、場合によっては拒絶することもあるでしょう。それはそれでいいのです。いま、すべての教育について問題なのは、歴史的な基準が徹底的に教え込まれずに、崩《くず》れた曖昧な教育が溢れている実情です。

美意識を継承せよ

習字教育には、そうした状況を変えていく直接的な効果が十分にあります。同じように話し言葉も、たとえばテレビやラジオの外国語講座のようにシチュエーション別に具体的な形で教えていくということが必要になってくるでしょう。親はゴルフの練習場で、インストラクターから一生懸命クラブの握り方を教わっているのに、その親が、子どもに鉛筆や箸の持ち方という一番基本的な作法を教えないという皮肉な現状も、克服されるべきでしょう。

言葉は、ことさら教えなくても、周囲に溢れており、自然に身につくのだという考え方があり、その通りであるとはいえ、現在のレベルはそんなのんきなことを言っていられる状況をはるかに超えてしまっています。かつては貧乏が最大の教育者であり、周囲から学ぶ自主性と必死さがありましたが、現在のような豊かになりきった社会では、一から十まで手取り足取りの「帝王教育」が不可欠で、言葉の話し方（口のきき方）、字の書き方（鉛筆の持ち方）を徹底的に教え込んでおく必要があります。

毛筆を基本にした書字教育で、もう一つ重要な利点は美的意識を育てることです。縦書きは、「天」からの重力を受けとめつつ書くことから、重力に対する立ち上がり方、つまり「たたずまい」＝「美」を教え続けます。字を書くたびに、自らの下手《まず》さを恥じ、なんとかならないかと感じるのは、たえず「たたずまい」＝「美」を意識させられるからです。

それは当然のことに話し言葉にも生かされ、さらには生活全般に及ぶ美意識が形成されてきました。

十六世紀、日本にやって来た宣教師のヴァリニャーノは、「きわめて清潔、巧妙に箸を扱い、……きわめて慎ましやかに礼儀正しく食事し、食事に関する作法についても、他の諸事に劣らぬ規則がある」——日本は決して豊かで贅沢《ぜいたく》な国ではないけれども、ひじょうにきれいに整った国であるということを書き記し（『日本巡察記』）、それが日本と日本人に対する信頼につながっているということを認《したた》めていました。

そうした美点をこれからも継承していくには、一度立ちどまって自らが立っている場所を見直し、現在の凄まじい時代の流れにブレーキをかけ、ゆったりとした時間の流れをとりもどすことが急務です。

もはや、逆転は不可能と考えるかもしれません。しかし、百年単位の長い視野で歴史を考えれば、歴史は確実に民衆の希望を実現する方向へと歩んできています。

【付録①】平仮名の字源（諸説あるものもあるが代表的なものを表示）

あ 安	い 以	う 宇	え 衣	お 於
か 加	き 幾	く 久	け 計	こ 己
さ 左	し 之	す 寸	せ 世	そ 曽
た 太	ち 知	つ 川	て 天	と 止
な 奈	に 仁	ぬ 奴	ね 祢	の 乃

は 波	ひ 比	ふ 不	へ 部	ほ 保
ま 末	み 美	む 武	め 女	も 毛
や 也		ゆ 由		よ 与
ら 良	り 利	る 留	れ 礼	ろ 呂
わ 和	ゐ 為	ゑ 恵	を 遠	ん 无

【付録②】片仮名の字源（諸説あるものもあるが代表的なものを表示）

ア 阿	イ 伊	ウ 宇	エ 江	オ 於
カ 加	キ 幾	ク 久	ケ 介	コ 己
サ 散	シ 之	ス 須	セ 世	ソ 曽
タ 多	チ 千	ツ 川	テ 天	ト 止
ナ 奈	ニ 二	ヌ 奴	ネ 祢	ノ 乃

ハ 八	ヒ 比	フ 不	ヘ 部	ホ 保
マ 末	ミ 三	ム 牟	メ 女	モ 毛
ヤ 也		ユ 由		ヨ 與
ラ 良	リ 利	ル 流	レ 礼	ロ 呂
ワ 和	ヰ 井	ヱ 恵	ヲ 乎	ン 无

【付録③】筆順をまちがえやすい漢字（ただしこの筆順が唯一とは限らない）

必	飛	昇	兆	成

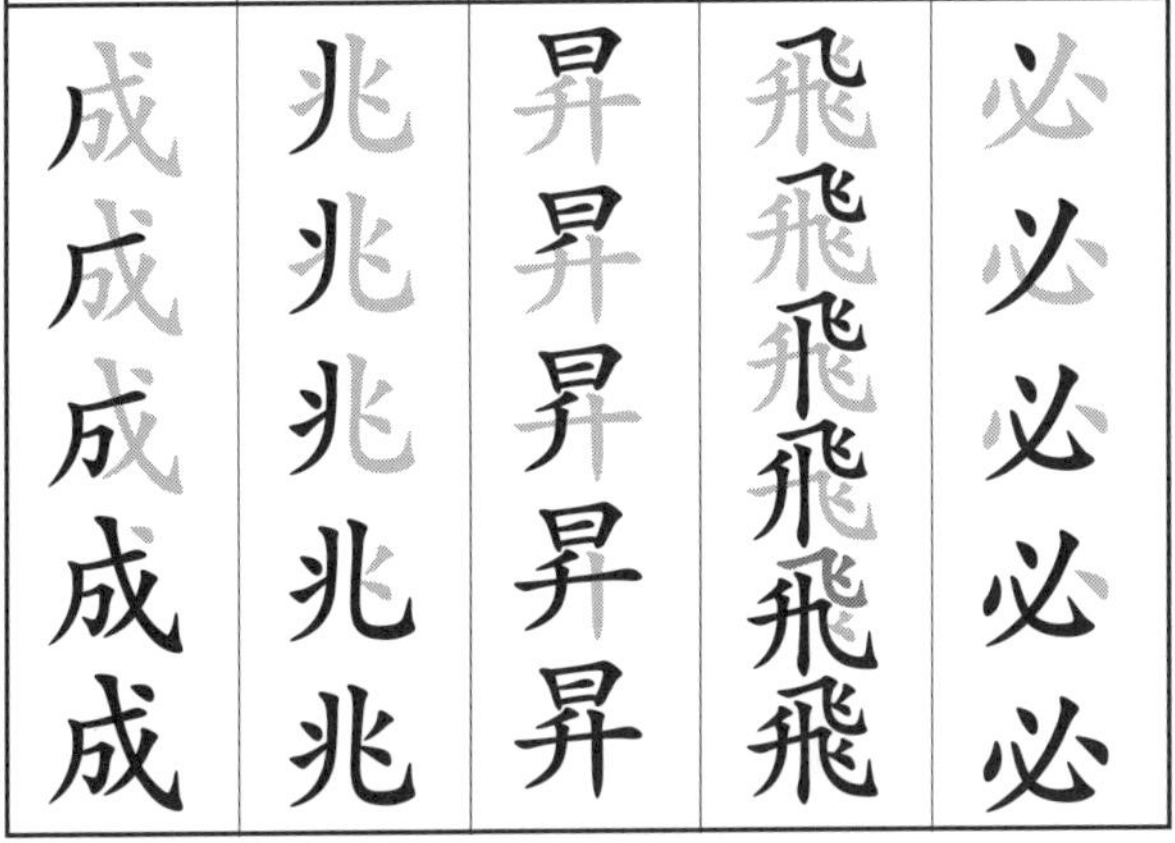

犯	可	方	右	左

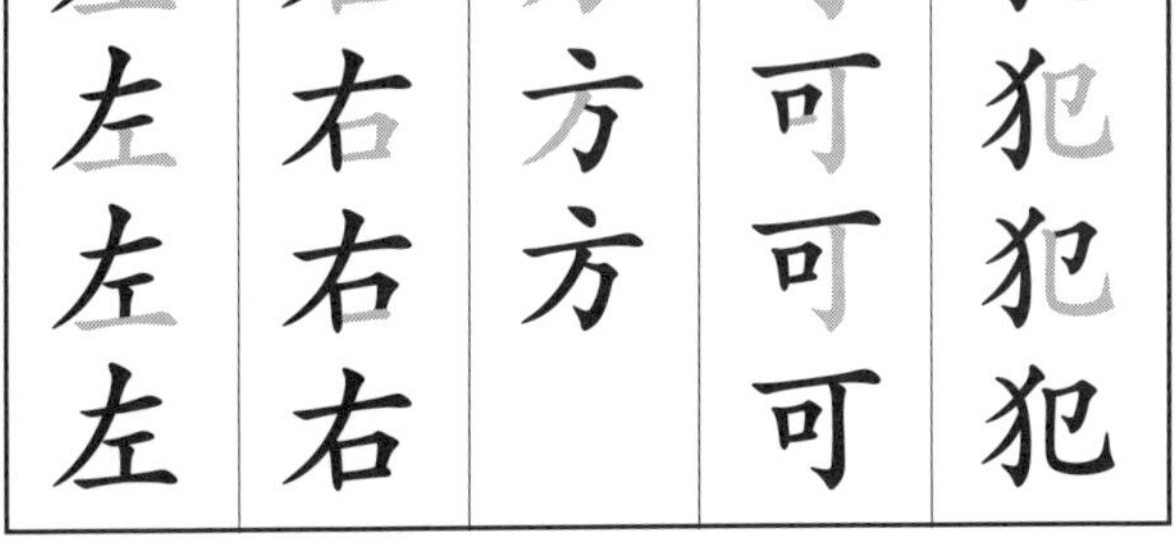

キリトリ線

★読者のみなさまにお願い

この本をお読みになって、どんな感想をお持ちでしょうか。祥伝社のホームページから書評をお送りいただけたら、ありがたく存じます。今後の企画の参考にさせていただきます。また、次ページの原稿用紙を切り取り、左記まで郵送していただいても結構です。

お寄せいただいた書評は、ご了解のうえ新聞・雑誌などを通じて紹介させていただくこともあります。採用の場合は、特製図書カードを差しあげます。

なお、ご記入いただいたお名前、ご住所、ご連絡先等は、書評紹介の事前了解、謝礼のお届け以外の目的で利用することはありません。また、それらの情報を6カ月を超えて保管することもありません。

〒101―8701（お手紙は郵便番号だけで届きます）
祥伝社新書編集部
電話03（3265）2310
祥伝社ホームページ　http://www.shodensha.co.jp/bookreview/

★本書の購入動機（新聞名か雑誌名、あるいは○をつけてください）

＿＿＿＿新聞の広告を見て	＿＿＿＿誌の広告を見て	＿＿＿＿新聞の書評を見て	＿＿＿＿誌の書評を見て	書店で見かけて	知人のすすめで

★100字書評……縦《たて》に書け！

					名前
					住所
					年齢
					職業

石川九楊　いしかわ・きゅうよう

昭和20年福井県生まれ。京都大学法学部卒業。書家。京都精華大学教授・文字文明研究所所長。平成3年『書の終焉—近代書史論』でサントリー学芸賞、14年『日本書史』で毎日出版文化賞、21年『近代書史』で大佛次郎賞を受賞。作品集に『盃千字文』『自選自註 石川九楊作品集』、主著に『中国書史』『二重言語国家・日本』『一日一書』『日本語の手ざわり』など。

縦《たて》に書《か》け！——横書《よこが》きが日本人《にほんじん》を壊《こわ》す

石川九楊《いしかわきゆうよう》

2013年2月10日　初版第1刷発行

発行者……………竹内和芳
発行所……………祥伝社《しょうでんしゃ》
〒101-8701　東京都千代田区神田神保町3-3
電話　03(3265)2081(販売部)
電話　03(3265)2310(編集部)
電話　03(3265)3622(業務部)
ホームページ　http://www.shodensha.co.jp/

装丁者……………盛川和洋
印刷所……………堀内印刷
製本所……………ナショナル製本

Printed in Japan　ISBN978-4-396-11310-0　C0270

〈祥伝社新書〉

本当の「心」と向き合う本